本成果受北京语言大学中央高校基本科研业务费专

DOMESTIC INTERREGIONAL TRADE PATTERNS OF CHINA

中国国内区际 贸易模式研究

张红梅 ◎ 著

中国财经出版传媒集团
经济科学出版社
Economic Science Press
·北 京·

图书在版编目（CIP）数据

中国国内区际贸易模式研究／张红梅著. -- 北京：
经济科学出版社，2024.9. -- ISBN 978 - 7 - 5218 - 6332 - 1

Ⅰ. F72

中国国家版本馆 CIP 数据核字第 202489KY48 号

责任编辑：张　蕾
责任校对：王苗苗
责任印制：邱　天

中国国内区际贸易模式研究

ZHONGGUO GUONEI QUJI MAOYI MOSHI YANJIU

张红梅　著

经济科学出版社出版、发行　新华书店经销

社址：北京市海淀区阜成路甲 28 号　邮编：100142

应用经济分社电话：010 - 88191375　发行部电话：010 - 88191522

网址：www. esp. com. cn

电子邮箱：esp@ esp. com. cn

天猫网店：经济科学出版社旗舰店

网址：http：//jjkxcbs. tmall. com

固安华明印业有限公司印装

710 × 1000　16 开　11.75 印张　220000 字

2024 年 12 月第 1 版　2024 年 12 月第 1 次印刷

ISBN 978 - 7 - 5218 - 6332 - 1　定价：89.00 元

（图书出现印装问题，本社负责调换。电话：010 - 88191545）

（版权所有　侵权必究　打击盗版　举报热线：010 - 88191661

QQ：2242791300　营销中心电话：010 - 88191537

电子邮箱：dbts@ esp. com. cn）

前　言

2015 年，我初次拜读经济学家赫尔普曼和克鲁格曼合著的经济学著作《市场结构和对外贸易——报酬递增、不完全竞争和国际经济》，被著作中所阐述的国际贸易模式的演变路径以及"国家间差异越大，产业间贸易量就越大；国家越相似，产业内贸易量就越大"这句话所吸引。脑海里闪现出两个问题：一是国内区际贸易模式的演变路径是怎样的？二是既然国际贸易模式深受国家间差异的影响，那么国内区际贸易模式是否也深受区域间差异的影响？为获得答案，我查阅了大量相关文献，然而它们主要解释的是国际贸易模式问题，而尚未对区际贸易模式问题给出一个合理的解释。相对国际贸易，国内区际贸易研究还相对比较匮乏。因此，我开始把区际贸易作为研究方向，首先回答的便是上述两个问题。

在研究对象方面，我选择的是具有代表性的中国。我国地域辽阔，具有开展区际贸易的良好土壤。自 1978 年以来，中国对外不断扩大开放程度，对内逐步放开市场管制，引入市场机制，实现了从计划经济体制到市场经济体制的转变，经济发展的市场化程度越来越高，区域间经济发展相互影响和相互依存的程度越来越深，区际贸易茁壮成长，并成为影响区域发展的重要因素之一。

近年，国际经济形势复杂诡谲，经过 2018 年的中美经贸摩擦，让我们深刻意识到，对于中国这样一个人口众多的发展中大国来说，推动经济增长的最主要力量还是国内需求，只有立足国内需求，方能增强抵抗经济风险的能力，使经济拥有较大的回旋余地。也只有在全国范围内合理配置资源，互通有无，开展区际贸易，才能满足消费者的多样化需求，有力地扩大内需，充分发挥消费这架马车的作用，才不会过度依赖投资，实现经济平衡。2020 年我国提出构建以国内大循环为主体、国内国际双循环相互促进的新发展格局，学术界以及商、政、媒体等各界对之掀起了一股研究的热潮，"如何优化空间经济格局""如何协调区域关系""如何联通中外形成经济发展动力"等问题成为学界研究和讨论的热点。而作为国内大循环中的重要组成部分，区际贸易也理应是双循环构建过程中不可忽视的环节，期望本书的出版对双循环发展格局的构建提供一定支撑。

本书内容涉及三个篇章。

第一篇为区际贸易基础，包括第一、第二和第三章。第一章为导论，提出问题；第二章是概念界定、基本理论与文献综述；第三章是区际贸易数据与中国区际贸易格局，通过对现有区际贸易数据的获取途径进行梳理和甄选，基于本书的数据基础鸟瞰中国区际贸易的大体格局。

第二篇为区际产业间贸易与产业内贸易，包括第四、第五和第六章。第四章主要用区际贸易模式的测度指数探究中国区际贸易模式演进的典型化事实。第五章是理论剖析中国区际贸易模式演进的驱动因素，尤其是市场分割和区域差异这两个至关重要的因素。第六章采用中国省级面板数据对中国区际贸易模式演进驱动因素进行实证检验。

第三篇为区际产品内贸易，包括第七章和第八章。第七章是在价值链分工的背景下，使用基于新贸易核算方法所得的区际贸易增加值数据来研究中国的区际产品内贸易特征。第八章是基于省际流出增加值数据，采用网络分析法，从整体与产业两大层面理清国内各省份在国内价值链供给网络中的角色，以揭示国内大循环供给层面的既有面貌。

本书的读者是谁呢？谈及此，我想到赖建诚老师在其著作《经济思想史的趣味（增订版）》中的一句话："我心中的读者和年龄、职业、性别无关，只要觉得有意思就看下去，不想看就转送。"[①] 他之所以这么说，是因为他的写作确实有"趣味"，我也想如此写作，只可惜目前本书的写作还是走的中规中矩的研究路径，所以主要读者可能是区域经济和国际贸易的学者和政策制定者。希望未来我也会如赖老师那般自信豁达地说出那样的话。

写前言时，我才发现本书从最初酝酿至今已近十年。这十年，我想感谢师长的教诲和帮助，尤其是硕导赵凯老师、博导孙久文老师、博士后导师李

_____

① 赖建成. 经济思想史的趣味（增订版）[M]. 杭州：浙江大学出版社，2016：4.

善同老师和何建武老师；感谢同门好友，特别是师妹潘晨和祝灵秀在本书的数据和研究方法方面给予的极大帮助；感谢我的学生们，谢谢你们让我深刻体会到教书育人的意义；感谢北京语言大学校级后期资助项目对本书的资助；感谢父母、家人的陪伴和支持。

张红梅

2024 年 12 月

目 录
Contents

第一篇　区际贸易基础

第二篇　区际产业间贸易与产业内贸易

第三篇　区际产品内贸易

第一篇 区际贸易基础

第一章

导　论

2020 年，我国提出构建以国内大循环为主体、国内国际双循环相互促进的新发展格局之后，学界以及商、政、媒体等各界对之掀起了一股研究的狂潮，"如何优化空间经济格局""如何协调区域关系""如何联通中外形成经济发展动力"等顿时燃烧起研究和讨论的熊熊火焰。而作为国内大循环中的重要组成部分，区际贸易自然"逃不过被研究的命运"，它也理应是构建双循环过程中不可忽视的环节。基于此，也鉴于现有研究的缺乏，本书研究中国国内区际贸易问题，系统而又全面地厘清和阐释区际贸易问题，包括其演进特征和影响因素。

在本章导论中，首先从现有贸易模式理论出发，发掘其研究欠缺点，从而确定研究的理论意义。其次概括中国区际贸易情况以明确该研究所具有现实意义。再次对本书的研究目标和方法进行说明。最后对本研究的创新之处做了必要的交代。

第一节　研究背景与研究意义

一、研究背景

国际贸易模式（international trade pattern）的发展及其决定问题是贸易理论界关注的重点问题之一。以亚当·斯密（Adam Smith）、大卫·李嘉图（David Ricardo）、伊·菲·赫克歇尔（Eli F Heckscher）和贝蒂·俄林（Bertil Ohlin）为代表的传统贸易理论用国家间的差异，特别是生产技术和生产要素禀赋的相对差异解释了当时的主要贸易模式——产业间贸易（inter-industry trade）。而从 20 世纪 60 年代末开始，世界范围内的贸易模式出现了从产业间贸易向产业内贸易（intra-industry trade，IIT，又译为行业内贸易）成长的趋势，产业内贸易逐渐成为国际贸易中的常态。面对这种"新"的贸易现象，以克鲁格曼（Paul Krugman，1979）为代表的新贸易理论从规模经济等角度解释了技术水平和要素禀赋都一致的国家间的产业内贸易。随后，产业内贸易、新贸易理论的核心研究内容的产生原因及其影响因素等问题开始被越来越多的经济学家进行理论和实证方面的研究。大部分研究都得出要素禀赋相似性、规模经济以及产品差异等因素对产业内贸易具有正向影响，而人均收入差异、国家规模差异、距离远近等因素对之具有负向影响。换言之，国家间的相似性与产业间贸易存在负相关关系，而与产业内贸易正相关，正如赫尔普曼和克鲁格曼在《市场结构和对外贸易——报酬递增、不完全竞争和国际经济》一书中所证明的，"国家间差异越大，产业间贸易量就越大；国家越相似，产业内贸易量就越大"（赫尔普曼、克鲁格曼，2014）。随着全球价值链分工的发展，20 世纪 80 年代之后，产品内贸易逐渐成为全球主要贸易模式。可见，国际贸易模式经历着一条由产业间贸易为主向以产业内贸易为主再向产品内贸易为主演进的发展趋势（或者路径），而国家间差异是其中重要的影响因素。

那么，国际贸易模式发展趋势及其影响因素的研究成果是否可以"移花接木"地直接用于区际贸易模式（interregional trade pattern）呢？换言之，区际贸易模式是否也存在由产业间贸易为主向产业内贸易为主再向产品内贸易为主演进的趋势，而区域间差异是否也是其中重要的影响因素呢？

然而对这两个问题，传统贸易理论和新贸易理论并未给出明确的答案，它们主要解释的是国际贸易模式问题，而尚未对区际贸易模式问题给出一个合理的解释。事实上，一国国内的区际贸易被大多数贸易研究的人忽视已不足为奇，他们大都对国际贸易或者国与国之间的区域贸易（如东盟的区域贸易等）感兴趣。这一方面是因为区际贸易与国际贸易在诸多方面极其相似，是在将区域作为独立的经济核算单位后考察各自之间的商品、服务形式的贸易活动，只是在国际贸易基础上把视野缩小了些，因而他们认为没有深入研究的必要。但实际上，区际贸易和国际贸易存在明显不同（张可云，2000），比如区际贸易壁垒较小，由于国内的文化差异更小、运费更低、货币相同和制度相似等，许多对国际贸易的限制对区际贸易没有影响。另一方面也因数据的缺乏，从而限制了对区际贸易的正式研究。但是现有的数据和事实表明区际贸易应该受到更多地关注（Hewings and Oosterhaven，2013）。因此，有关国内区际贸易模式演进（evolution of trade patterns）态势及其决定因素问题，还有待进一步研究。

中国地域辽阔，具有开展区际贸易的良好土壤。自1978年以来，中国对外不断扩大开放程度，对内逐步放开市场管制，引入市场机制，实现了从计划经济体制到市场经济体制的转变，经济发展的市场化程度越来越高，区域间经济发展相互影响和相互依存的程度越来越深，区际贸易茁壮成长，并成为影响区域发展的重要因素之一（石敏俊、张卓颖，2012）。而同时，世界百年未有之大变局加速演进，国际经济形势复杂诡谲，以美国为代表的贸易保护主义、单边主义、民粹主义等强化，逆全球化暗流涌动，比如2018年美国以贸易逆差为由挑起中美贸易摩擦与争端开始。这让中国深刻意识到，即便是在全球价值链分工条件下，即便是在各国之间已经形成了"你中有我，我中有你"的格局之下，对于中国这样一个人口众多的发展中大国来说，推动经济增长的最主要力量还是国内需求，只有立足国内需求，方能增强抵抗经济风险的能力，使经济拥有较大的回旋余地。也只有在全国范围内合理配置资源，互通有无，开展区际贸易，才能满足消费者的多样化需求，有力地扩大内需，充分发挥消费这驾马车的作用，才能改变如今我国经济对投资的过度依赖，帮助实现经济再平衡。如此，中国区际贸易的重要性可见一斑。同时，2020年我国提出构建以国内大循环为主体、国内国际双循环相互促进的新发展格局，学术界以及商、政、媒体等各界对之掀起了一股研究的狂潮，"如何优化空间经济格局""如何协调区域关系""如何联通中外形成经济发展动力"等顿时燃烧起研究和讨论的熊熊火焰。而作为国内大循环中的重要组成部分，区际贸易自然"逃不过被研究的命运"，它也理应是双循环构建过程中不可忽视的环节。总之，作为地域辽阔的发展中大国，中国的区际贸易发展比较成熟，也至关重要。因此，在区际贸易模式问题研究上，中国具有代表性。有鉴于此，本书基于中国的经验证据对区际贸易模式的问题进行研究。

二、研究意义

国际贸易模式的发展趋势以及赫尔普曼和克鲁格曼的这句"国家间差异越大，产业间贸易量就越大；国家越相似，产业内贸易量就越大"，无疑，牵动了笔者对区际贸易模式的好奇心。而贸易理论在区际贸易模式研究方面的欠缺，则进一步加深了研究区际贸易模式发展和决定问题的必要性。同时，作为地域辽阔的发展中大国，中国的区际贸易不仅至关重要，也深具代表性。在此背景下，中国的国内区际贸易模式问题研究，具有以下研究意义。

对区际贸易模式问题进行研究具有一定的理论意义。首先，选择区际贸易模式演进作为研究点，不仅能使静态的区际贸易理论动态化，为区际贸易理论增砖添瓦，而且对于推动整个贸易理论的发展具有重要意义，由国际到区际的延伸和浸透，使贸易理论具有完整性。其次，从发展中国家视角进行研究可以为贸易模式演进问题提供新的视角。现有产业内贸易理论主要基于对发达国家的研究而得出。在这种情形下，如何把各种经济学理论联系起来，用以解释发展中国家，尤其是中国这样的发展中大国的区际贸易模式成长的特点和规律，将是一项十分有意义的工作。再次，估算系统的区际贸易数据，为相关研究奠定数据基础。最后，厘清区际贸易模式与市场分割和区域差异的关系，为区际贸易模式的优化和区际分工优化奠定基础。

对中国的区际贸易模式问题进行研究具有重要的现实意义。一方面，目前尚未有研究系统地考察中国区际贸易模式，本研究有利于系统摸清我国区际贸易模式的态势与特征。另一方面，为形成合理的区域分工格局和贸易格局提供参考，进而有利于扩大内需，助力全国统一大市场构建。我国"扩大内需"战略已经提出多年，但进展不快。通过中国区际贸易模式发展的研究，鸟瞰中国全国分工格局和贸易格局，能为形成合理的分工格局和贸易格局提供依据，进而在全国范围内合理配置资源，互通有无，满足消费者多样化的需求。

总之，无论在理论研究领域还是在政策方略层面，无论是理论意义还是现实意义，我国的区际贸易模式演进问题具有一定的研究价值和挖掘潜力。

而在国内，目前尚未发现有相关文献系统性地对之进行研究，因而从事该课题具有一定的预期回报。

第二节 研究目标与方法

一、研究目标

在系统阐释和拓展国际贸易理论中关于贸易模式演进机理的基础上，一方面探究中国区际贸易模式的演进态势，具体而言是区际产业间贸易、产业内贸易和产品内贸易三种模式的地位更迭态势；另一方面探究区际贸易模式的驱动因素，尤其是区域差异。在此基础上，试图为中国区际贸易战略的制定提供一些借鉴，为形成合理的分工格局和贸易格局提供依据。

具体来说，本书主要回答以下问题：国际贸易中存在的产业间贸易到产业内贸易再到产品内贸易的发展趋势是否也是区际贸易的必然趋势？哪些因素驱动区际贸易模式的演进？区域差异对区际贸易模式具有怎样的作用？一些重要区域内部的区际贸易模式如何？

二、研究方法

一是实证分析和规范分析相结合的方法。本书以现有理论和文献为基础，利用中国分省分产业数据，构建 G－L 指数，揭示区际贸易模式的演进态势，即回答"是什么"；接着从理论和实证两方面探究区际贸易模式演进过程的影响因素，即回答"为什么"。此为实证分析。同时，依据研究结果对中国区际贸易发展提出对策建议，即回答"应该是什么、怎么办"的问题，此为规范分析。

二是基于投入产出技术的价值链分析法。随着价值链分工的不断深入和投入产出数据库的不断完善，基于投入产出技术的价值链分析法成为全球价值链视角下定量研究的首选方法。本书在多处使用这一方法，包括区际贸易数据获取，产品内贸易（或称为全球价值链贸易）数据核算与各省份参与产品内贸易特征分析等。

三是面板数据回归分析法。本研究利用中国 28 个省份（不包含港、澳、台和西藏，海南和重庆分别并入广东和四川）的面板数据就区际贸易模式演变的影响因素进行实证检验，并着重考察市场分割和区域差异的作用。

第三节　创新之处

本书的创新之处体现在以下四个方面。

第一，学术思想是对经典贸易理论的发展。世界贸易有条"产业间贸易—产业内贸易—产品内贸易"的发展路径，埃尔赫南·赫尔普曼和保罗·克鲁格曼在《市场结构和对外贸易——报酬递增、不完全竞争和国际经济》一书认为国家间差异是产业间贸易模式和产业内贸易模式更迭的决定因素。但这些结论是基于或适用于国际贸易，本书则是对一国内部区际贸易模式的研究，探索其发展路径和影响因素。

第二，内容具有时代感。2020年，我国提出要加快形成以国内大循环为主体、国内国际双循环相互促进的新发展格局；2022年，《中共中央、国务院关于加快建设全国统一大市场的意见》《扩大内需战略规划纲要（2022—2035年）》先后印发。只有立足国内需求，统一全国市场，积聚内生动力，才能促使经济持续向好、行稳致远，而这有赖于国内区际贸易的深化发展。本书旨在探究我国国内区际贸易模式的特征和影响因素，揭示国内大循环贸易层面的既有面貌和原因，为构建国内大循环、刺激国内需求和统一全国市场提供科学支撑。

第三，数据新颖。目前，区际贸易对于许多人来说犹如一个想触却难以触碰的黑箱，对于区际贸易的深入研究较少，大部分人是直接把国际贸易的相关研究结果嫁接于区际贸易，为何？这很大程度上是源于数据的桎梏。中国没有区际贸易统计数据，获取数据只能通过各种间接途径，可这些途径又有如"蜀道"般难得令人望而却步。从现有那少有的研究成果来说，其获取的数据，要么产业部门不够细分，要么数据时间维度不够长，仅包含一年数据或者两三年数据，数据少且离散，同时在原始数据来源和编制方法等多方面存在不统一，难以同时综合使用。本书通过对现有区际贸易数据获取途径的甄别选择了一条可行性高且获得数据完整性好的方法，构建了区际贸易数据库。

　　第四，方法新。比如，基于区际贸易流出增加值数据，首次采用社会网络分析法研究中国国内价值链分工中的区际供给网络，从整体层面与典型制造业产业层面厘清国内各省区在国内价值链供给网络中的角色，揭示国内大循环供给层面的既有面貌，既为构建国内大循环的政策制定提供参考，也为保产业链与供应链稳定提供参考，具有重要的现实意义。

第二章

概念界定、基本理论与文献综述

分析前的认知行为是任何研究和分析工作的先决条件，研究者应该首先认识他打算研究的现象。本章因而旨在研究前，从相关概念、基本理论和文献综述三个方面对区际贸易模式进行解剖。首先对两个概念进行界定，即区际贸易和区际贸易模式，试图就对象有一个透彻的认识；其次梳理产业间贸易理论、产业内贸易理论和产品内贸易理论；最后从区际贸易和国际贸易两大方面厘清本书所基于的前人研究成果并进行评述。

第一节　区际贸易模式演进的相关概念界定

一、区际贸易

1933 年，瑞典经济学家贝蒂·俄林在其代表作《区际贸易和国际贸易》（俄林，2013）中首次提到了区际贸易这一概念，并对之给予了高度的重视。他认为，地区与地区之间的贸易即为区际贸易。其中，"地区"是这个定义的核心之处，也是贸易的最基本单位，其划分的标准是生产要素禀赋，意味着它是自然划分的区域，而不是人为划分的行政单位。因此，地区之间的生产要素禀赋存在差异，而地区内部则基本相同，由此，区际贸易有了开展的基础。俄林认为，区际贸易具有一般性，它包括了国际贸易和国内贸易。他还强调，国内贸易与国际贸易并无本质区别，只有程度上的差异[①]，所以他在已有的国内贸易与国际贸易运行规律的基础上，归纳出它们的共同点，从而形成了区际贸易理论。

此后，一些文献开始陆续对区际贸易的概念进行论述。但无非是在俄林

[①] 这种观点和李嘉图的相异。基于一些生产要素（如劳动力）在国内与国际的流动性不同，李嘉图认为，国内贸易与国际贸易存在本质上的差异。

的基础上进行的修修补补，结果大同小异。概括而言，虽然对区际贸易的概念表述存在差异，但本质上都是在对"区域"和"贸易"的界定。

"区域"是区际贸易的最基本单位或者主体。按照划分标准的不同，有的人认为它是自然区域（俄林，2013），徐现祥、李郇（2012）等认为是行政区域，通常叫省际贸易。按照区域范围大小的不同，又有着国际区际贸易与国内区际贸易之分，克鲁格曼和奥伯斯法尔德（2011）认为，区际贸易是国内不同地区之间的贸易；王必达（2010）指出，区际贸易是在一个政治范畴内不同区域之间所进行的贸易；而栾贵勤（2008）则认为区际贸易分为国际区际贸易和国内区际贸易，它介于国际贸易与国内贸易之间，是国内贸易与区际贸易的连接带；刘渝阳（2012）也秉持这一观点，只是换了一种说法，认为区际贸易有广义与狭义之分，广义的区际贸易涵盖了国际贸易，狭义的区际贸易则是指一国内部经济区之间的贸易活动。可见，区域的概念纷繁多样，学者们根据自己研究的重点和目的不同，而形成了不同的解释。

"贸易"是区际贸易的内容。虽然和国际贸易大同小异，但也确实值得一提。所谓"贸易"便是指商品或劳务交换活动。这里用"或"而不是"和"的原因在于：孙久文（2014）、刘渝阳（2012）等讨论的"贸易"仅是"商品贸易"；张敦富（2013）、魏后凯（2011）认为"贸易"就是"商品和劳务交换活动"；还有的未作区分，以"贸易"一词概而言之，诸如《经济大辞海》中对区际贸易的定义"区域之间展开的贸易活动"。可见，差异的关键在于贸易是否包含劳务贸易。而包含与否跟是非对错无关，只是需不需要的问题，即贸易包括劳务贸易是毋庸置疑的，现有文献只是根据研究需要而进行的取舍。

虽然各学者对区际贸易概念的表述具有差异，但都认为其存在以下特点。（1）区际贸易与国际贸易存在不同，这些不同主要在于两者的基础不同，前者是国内分工，后者是国家和地区间的国际分工；区际贸易因不考虑主权归属问题而受贸易壁垒的阻碍较小；区际贸易不会改变本国市场大小，而国际贸易的出口会扩大本国市场，进口则会缩小本国市场；在大国，区际贸易的地位相对小国而言较高，国际贸易反之。（2）区际贸易与国际贸易很相似，如两者具有相似的驱动力和相同的理论基础。（3）区际贸易与国际贸易有着密不可分的关系，这种关系表现为替代关系和互补关系。

基于此和研究需要，本书中的区际贸易定义为：一国国内各区域之间的商品和劳务贸易，它与国际贸易没有本质差异，但有程度上的不同，同时它分为区际流出与区际流入，这与国际贸易的出口和进口相对应（若无特别说明，下文的区际贸易都沿用此概念）。

二、区际贸易模式

从现有研究成果来看，尚缺乏对区际贸易模式的明确定义。而在对区际贸易进行概念界定时，我们知道，区际贸易和国际贸易在本质上没有差别，只有参与对象和程度上的不同。因此，本书将透过国际贸易模式的概念来发掘区际贸易模式的定义。

在传统贸易理论中，国际贸易模式是指贸易的流向以及贸易的产品类型，即哪个国家向哪个国家出口什么商品，或者哪个国家从哪个国家进口什么商品，其强调的是贸易流向。而相较于传统贸易模式的定义，有学者（张曙霄，2003；梁碧波，2013；张先锋，2010；喻春娇等，2012；Caves，1981；刘威、金山，2014）提出了与之在本质上一致，但界定的视角和强调的重点不同的定义。该定义从产业视角出发，强调贸易流向的同时，更强调贸易品的类型，指出贸易模式是由分工模式所决定的贸易活动。它主要分为三种：第一种是以不同产业间的分工为基石且基于比较优势或要素禀赋差别所进行的产业间贸易；第二种是以同一产业内不同产品间分工为基石且基于规模经济和产品差别等所形成的产业内贸易；第三种是以全球价值链分工为基石的产品内贸易。

本书所指的贸易模式是后一种定义的贸易模式，这一方面是因为此定义言简意赅地概括了贸易模式的本质；另一方面是由于国内外尚缺乏对此种定义下的中国区际贸易模式问题的研究。因此，在国际贸易模式概念的基础上，本研究把区际贸易模式的概念界定为：一定时期内，一国国内两区域之间的区际贸易活动类别，包括产业间贸易模式、产业内贸易模式和产品内贸易模式。

（一）产业间贸易与产业内贸易的概念

产业间贸易和产业内贸易皆为最终品贸易。所谓产业间贸易是指各国以不同的产业部门所生产的产品进行的交换，它主要表现为同一产业产品的单向流动，因此又可以称为单向贸易（one-way trade）。

而对于产业内贸易来说，在巴拉萨（Balassa，1966）提出这个概念之后，一些学者便根据自己研究的需要进一步对这个概念给出了不同的界定。比如，产业内贸易是一国同一组产品存在同时进出口的活动（Finger，1975；Falvey，1981）；产业内贸易是相同产品的双向贸易（Brander，1981）；产业内贸易为给定产业同时进口和出口产品时的贸易（Greenaway，1983；Grimwade，1989；Naughton，2000）；产业内贸易是同时进出口要素投入与消费替代方面存在密切关系的产品（Greenaway and Tharakan，1986）；产业内贸易是在生产方面具有相似分类，但在消费方面具有不完全替代性产品的双向贸易活动（Wickham and Thompson，1988）；产业内贸易是不同国家之间同一产业内的某一项产品同时进口和出口的活动（张曙霄，2003）。此外，格鲁贝尔和劳埃德（Grubel and Lloyd，1975）提出产业内贸易是贸易总额与产业间贸易额之差的观点，认为判断产业内贸易的标准是消费的可替代性和生产中投入要素的相似性，也就是说，同一产品组的产品应当具备生产要素投入的相似性和（或）产品用途的可替代性（就是具有较高的需求弹性）。2002年，他们进一步给出了一个比较完整的产业内贸易定义，即同一产业内部具有较为严密的生产替代关系或消费替代关系的产品的双向贸易活动。本研究产业内贸易指的是一国给定产业同时进口和出口产品时的贸易。

（二）产品内贸易的概念

产品内贸易，或者中间品贸易，是在全球价值链分工基础上形成的中间投入品贸易。要理解产品内贸易概念，则有必要了解全球价值链。

在交通和通信技术进步、贸易壁垒降低以及跨国公司快速发展的背景下，全球价值链逐步形成并扩张，尤其是20世纪80年代之后，以生产过程不断细化为特征的全球价值链分工迅速发展，并成为全球生产分工的重要形式。在全球价值链分工背景下，一件产品的生产往往是由多个国家参与完成，比如韩国三星需向全球约2 500个供应商进口零部件来完成手机的生产。

全球价值链首先是2001年在洛克菲勒基金会赞助的"全球价值链计划"（2002～2005年）的讨论中被集体勾勒出来的概念。随后，在格里菲等（Gereffi et al.，2005）的研究中被进一步具体化，他们认为价值链描述了公司和员工为将产品从理念转变为最终产品而进行的各种活动，包括研发、设计、生产、营销、分销以及售后等活动，这些活动可以包含在一个公司中，也可以分散在当地或其他国家的不同公司之中。另外，也有一些学者对全球价值链作了不同的界定。比如，卡普林斯基和莫里斯（Kaplinsky and Morris，2001）将全球价值链定义为生产经营活动中的各项行为，涉及从理念到产品的完整实现过程，包括产品的研发设计、加工制造、生产和财务管理、品牌管理、市场营销和售后服务等。联合国工业发展组织（UNIDO，2002）界定全球价值链为连接商品生产、销售、回收处理等过程的全球性跨国企业网络。这种网络性分工将全球的企业、国家资源在世界范围内调配，从而达成最有效率的生产方式。王直等（2016）提出，价值链是从初始的研发、设计到最终消费的各个生产阶段的增加值创造过程，它可以是国内的、区域的和全球的，如果所有的生产阶段都发生在一国之内，就是国内价值链；如果所有生产阶段发生在不同的国家，该价值链就是区域或全球的。安特拉斯（Antràs，2019）指出全球价值链由生产并销售给消费者的产品和服务所涉及的一系列具有增值作用的阶段所组成。世界银行在《2020 年世界发展报告》中提出，全球价值链是最终消费产品或服务的一系列生产阶段，每个阶段都伴随着价值的增值，且其中至少有两个生产阶段分布于不同国家①。在全球价值链分工下，企业只需专业化于某个具体的环节，而不用生产整个产品。如果一个国家、一个部门或一个企业参与了（至少）其中一个生产阶段，则参与了全球价值链。

全球价值链的快速发展改变了世界经济格局，也改变了国家间和区域间的贸易模式。20 世纪 80 年代，全球国际贸易总量中有 70% 左右是产业间或产业内贸易。但是到 2010 年，这个比例下降到 40% 左右，而产品内贸易上升到了 60%；2018 年，产品内贸易所占比重进一步上升至 70% 以上（黄奇帆，2019）。

可见，产品内贸易是 20 世纪 80 年代之后，在全球价值链分工快速发展的背景下逐渐占据主导的一种贸易模式。由此，全球国际贸易经历了一条以

---

① 原文为"A global value chain is the series of stages in the production of a product or service for sale to consumers, and at least two stages are in different countries"。

产业间贸易为主向以产业内贸易为主，再向以产品内贸易为主的更迭演变之路。

第二节 区际贸易模式的基本理论

综观现有文献，有关国际贸易理论的文献可谓汗牛充栋，而对于区际贸易理论的则是寥若晨星，更没有一套明确的区际贸易理论。但这并不意味着区际贸易缺乏理论基础。事实上，有关它的论述早已有之。我们知道，早在19世纪30年代，俄林就在他的《区际贸易和国际贸易》一书中把"区域"当作一个比"国家"更一般的分析单位，认为国际贸易与区际贸易有共同的基础，这在上文对区际贸易概念界定中已说明。而这个"基础"主要体现于"理论基础"。同时，诸如张可云（2000）等学者认为国际贸易理论的一些论据与论点可用于支持区际贸易。正因此，虽然下面梳理的是国际贸易模式相关理论，但本节也大胆地以"区际贸易模式的基本理论"为题，以期从中发现蛛丝马迹，为区际贸易模式的研究奠定理论基础。

一、产业间贸易模式的理论基础

在重农主义轻视贸易，鼓吹贸易不能带来任何财富，重商主义鼓励出口，限制进口，提倡贸易保护的背景之下，绝对优势理论、比较优势理论和生产要素禀赋理论陆续提出，它们揭示了"产业间贸易"的奥秘，也助力了贸易的成长。

（一）理论基础一：绝对优势理论

提及产业间贸易理论，追根溯源，会想到亚当·斯密，因为他在《国民财富的性质和原因的研究》这本经典著作中提出了著名的绝对优势理论，该理论初次揭开了国际贸易行为的面纱，对产业间贸易进行了最初的探讨。

绝对优势理论建立在亚当·斯密的分工和国际分工学说基础之上。他认为分工可以使劳动者的技能得到改善，使劳动者更换工作的时间减少，使专用机械设备发明变得可能，从而大大提高劳动生产率，增进国民财富的积累，不仅如此，还能最终增进劳动者自身的利益。那么分工的依据是什么呢？斯密认为是生产成本，各国应该专门生产自己具有绝对成本优势的产品，而不生产那些自己生产成本绝对高于它国的产品，如此，便能互惠互利（见图 2 - 1）。

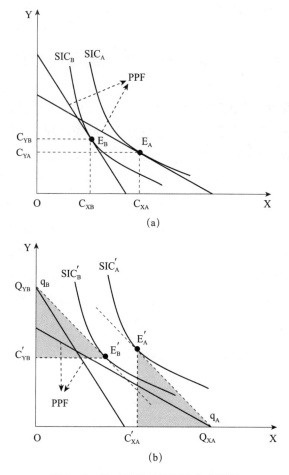

图 2 - 1　绝对优势理论下的自由贸易

资料来源：笔者基于 "Hewings, Geoffrey and Jan Oosterhaven. Interregional Trade Models ［M］. In Handbook of Regional Science, edited by Manfred M. Fischer and Peter Nijkamp, New York：Springer – Verlag Berlin Heidelberg, 2013, 906" 图 46. 1 改绘。

在此运用新古典贸易模型对该理论进行概括。假设在规模报酬不变、不存在运输成本的完全竞争市场下，存在两个国家（A 和 B），它们同时生产两种产品（X 和 Y），这两种产品的生产只使用劳动力（L）这一种生产要素，且劳动力只在国内具有流动性，它的总量在两国相等，同时两个国家在不同产品上的生产技术不同，A 国在 X 产品的生产成本上存在绝对优势，B 国在 Y 的生产成本上存在绝对优势，这在图 2 - 1 中体现为 A、B 两国的生产可能性边界（PPF）相交。对于每个国家而言，PPF 的斜率表示减少一个单位 X 的生产而能多生产的 Y 的数量。由于规模报酬不变，且仅有一种生产要素，所以 PPF 是线性的。SIC 是社会无差异曲线，它的斜率表示减少一个单位 X 的消费时，为了保持效用的不变而需要增加的 Y 的数量，假设两国的社会无差异曲线相同。

从图 2-1（a）可见，如果 A、B 两国不进行贸易，它们的均衡点出现于最高的 SIC 和该国 PPF 的交界处，即 E_A、E_B 两点，此时消费等于生产，实现了的自给自足均衡（autarky equilibrium）。

而与之不同的是，自由贸易背景下，A 国会出口 X 产品，B 国会出口 Y 产品，直到两种产品的国内价格比率（P_X/P_Y）变化到两国的自给自足价格比率之间，形成两条虚线表示的消费可能性边界（consumption possibility frontier），如图 2-1（b）所示。此时，A、B 的均衡点分别出现在图 2-1 右侧的 E'_A 和 E'_B 两点，此两点亦为消费点，显而易见，两国的消费水平都达到了一个新的高度；A 国生产点由 E_A 点变化到 q_A 点，即全部生产 X 产品，而不生产 Y 产品，B 国生产点由 E_B 点变化到 q_B 点，即全部生产 Y 产品，而不生产 X 产品。A 国的贸易三角为右图下面部分的阴影三角，可见，Y 产品的消费全靠进口，而出口（$Q_{XA} - C'_{XA}$）的 X 产品；B 国的贸易三角为右图上面部分的阴影三角，可见，X 的消费全靠进口，而出口（$Q_{YB} - C'_{YB}$）的 Y 产品。相比自给自足，两国的社会无差异曲线分别由 SIC_A、SIC_B 上升到 SIC'_A 和 SIC'_B，福利水平均得到提高。这也印证了亚当·斯密所认为的"国际贸易并非零和博弈，而是正和博弈"，即贸易是互利的，并非损人利己的。

诚然，斯密的绝对优势理论不成体系，甚至有人把它称为"神话"（王炳才，1997），但它在国际贸易学说史上却具有谁也不可磨灭的划时代意义，为比较优势理论的诞生奠定了基础。在重商主义认为国际贸易是零和博弈，只对一方有利的片面看法之下，斯密从分工原理出发，第一次论证了贸易的互利性。纵观历史，闭关自守、以邻为壑的贸易保护主义政策必然导致落后和两败俱伤。这种国际贸易互利双赢的思想不曾过时，也不会过时，而是愈久弥香，对各国参与国际贸易分工起着积极的指导意义。

（二）理论基础二：比较优势理论

亚当·斯密的绝对优势理论开创性地对国际贸易形成的原因进行了解释，

但它具有明显的不足。它只能解释部分贸易的形成，即解释在生产上各具绝对优势的国家之间的贸易，而无法解释现实中存在的全部产品都处于绝对劣势的国家间或者全部产品处于绝对优势的国家间的贸易现象。对此，英国古典经济学家大卫·李嘉图在《政治经济学及赋税原理》（Ricardo，1817）一书中提出了"比较优势理论"，他第一次以精妙绝伦的逻辑思维证明了国际贸易分工的基础不应该局限于绝对成本差异，而应该以比较优势为基础，只需产品生产成本具有相对差异，一国就可以参与国际贸易分工并从中获取贸易利益。他对比较优势定义是这样的，如果一国专业化生产某种产品而需要放弃其他产品的数量相对于其他国家而言较少，那么它在这种产品上就具有比较优势。一些经济学家从机会成本出发，认为如果一国生产一种产品的机会成本比较低，那么它在该产品生产上就具有比较优势，这实际上和李嘉图的观点在本质上相同。

在此运用新古典贸易模型对该理论进行概括。和绝对优势理论一样，假设在规模报酬不变、不存在运输成本的完全竞争市场下，存在两个国家（A和B），它们同时生产两种产品（X和Y），这两种产品的生产只使用劳动力（L）这一种生产要素，且劳动力只在国内具有流动性，它的总量在两国相等，另外两国的社会无差异曲线相同。但和绝对优势理论不一样的是，A国在X和Y的生产上均具有绝对优势，这在图2-2中体现为A国的生产可能性曲线完全位于B国PPF之上。但B国的PPF斜率更陡峭，这意味着B国在Y的生产成本上存在比较优势。

从图2-2（a）可见，如果A、B两国不进行贸易，它们的均衡点出现于最高的SIC和该国PPF的交界处，即E_A、E_B两点，此时消费等于生产，实现了的自给自足均衡。

而与之不同的是，自由贸易背景下，A国会出口X产品，B国会出口Y产品，直到两种产品的国内价格比率变化到两国的自给自足价格比率之间，形成两条虚线表示的消费可能性边界，如图2-2（b）所示。此时，A、B的均衡点分别出现在图2-2（b）的E'_A和E'_B两点，此两点亦为消费点；A国生产点由E_A点变化到q_A点，即全部生产X产品，而不生产Y产品，B国生产点由E_B点变化到q_B点，即全部生产Y产品，而不生产X产品。A国的贸易三角为右图下面部分的阴影三角，可见，Y产品的消费全靠进口，而出口（Q_{XA} -

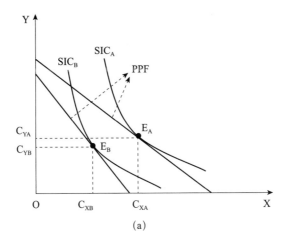

(a)

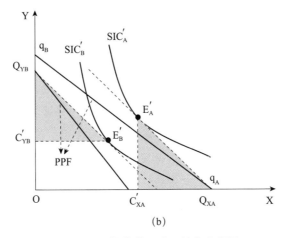

(b)

图2-2 比较优势理论下的自由贸易

资料来源：笔者基于"Hewings, Geoffrey and Jan Oosterhaven. Interregional Trade Models［M］. In Handbook of Regional Science, edited by Manfred M. Fischer and Peter Nijkamp, New York：Springer - Verlag Berlin Heidelberg, 2013, 906"图46.1改绘。

C'_{XA}）的X产品；B国的贸易三角为右图上面部分的阴影三角，可见，X的消费全靠进口，而出口（$Q_{YB} - C'_{YB}$）的Y产品。相比自给自足，两国的社会无差异曲线分别由SIC_A、SIC_B上升到SIC'_A和SIC'_B，福利水平均得到提高。

李嘉图比较优势理论的创建标志着国家贸易学说总体系的形成，该理论是美国著名经济学家萨缪尔森口中那"国际贸易不可动摇的基础"，是国际贸易分工理论中的一朵奇葩，其影响之深远，意义之重大。它表明，所有国家，无论经济水平如何，只要采取正确的对外贸易发展战略，都可以从国际贸易和分工中获得利益，而不用惧怕价值规律作用下的优胜劣汰。当然，解释人类活动之一的经济理论不可能完美无缺，李嘉图的比较优势理论也存在一些不足，而遭到批判。其中之一是它没有对两国生产力差异进行解释。而一个更严厉的批判是它似乎预言每个国家将仅仅生产和出口一种产品，其他产品得全部利用单一出口所获收益来进口，但事实却是大部分国家并非只出口一种产品。除此之外，比较优势理论还忽略了动态分析，忽视了生产关系在国际分工中的作用，等等。尽管如此，这也丝毫不能撼动比较优势理论在国际贸易理论中的重要地位，作为经典之作，它反映了国际贸易发展的一般规律，对国际经济贸易往来起着重要的指导作用。

（三）理论基础三：生产要素禀赋理论

李嘉图的比较优势理论揭示了生产成本的相对差异对贸易的影响，但它是一种狭义的比较优势理论，不仅生产要素局限于劳动力这一种，而且并未说明比较优势的成因。针对比较优势理论的不足，为了更好地解释国际贸易现象，1933 年，俄林在其代表作《区际贸易和国际贸易》（Ohlin，1933）中提出了生产要素禀赋理论，由于吸收了他的老师——著名的瑞典经济学家赫克歇尔的观点，该理论也被称为赫克歇尔—俄林模型，简称 H－O 模型。

该理论认为国家间的产品价格差异构成了国际贸易的基础，而产品价格的差异是因为产品生产的成本率差异，成本率的差异又是源于各种生产要素价格比率的不同，生产要素价格比率差异则是源于各国的生产要素禀赋的差异。所以，追根溯源，国际贸易最重要的基础或者说源泉在于生产要素禀赋的不同。生产要素的种类和丰裕程度在各个国家是有差异的，有的相对稀缺，有的相对丰裕，要素价格便会有高低之分。基于此，一国应该进口大量使用该国比较稀缺的生产要素进行生产的商品，而出口大量使用该国比较充裕的生产要素进行生产的产品，从而双方获益。这就是生产要素禀赋理论。

综上所述，我们运用新古典贸易模型对绝对优势理论和比较优势理论进行了概括，而它们实际上属于古典贸易理论，真正的新古典贸易模型是赫克歇尔和俄林在 20 世纪 20 年代提出的。它也是假设在规模报酬不变、不存在运输成本的完全竞争市场下，存在两个国家（A 和 B），同时生产两种产品（X 和 Y）。但相比前面两个理论，HO 模型还假设各国生产技术是完全相同的，且 X 和 Y 的生产都需要两种生产要素——资本（K）和劳动力（L），这两种生产要素同时具有递减的边际报酬，即 A 和 B 国的生产可能性边界是凹形的非线性曲线，如图 2－3 所示，而非图 2－1 和图 2－2 中的线性生产可能性边界。另外，假设 A 具有相对较丰裕的 K，B 具有相对丰裕的 L；且 X 是资本密集型产品，而 Y 是劳动密集型产品。

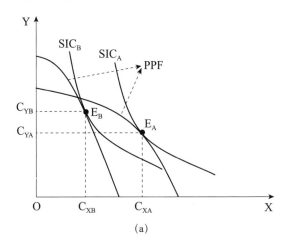

(a)

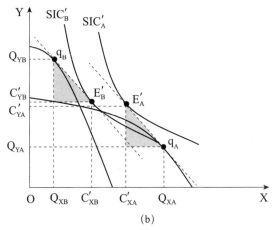

(b)

图 2－3　生产要素禀赋理论下的自由贸易

资料来源：笔者基于"Hewings, Geoffrey and Jan Oosterhaven. Interregional Trade Models［M］. In Handbook of Regional Science, edited by Manfred M. Fischer and Peter Nijkamp, New York：Springer － Verlag Berlin Heidelberg, 2013, 906"图 46.2 改绘。

在此情形下，如图 2－3 （a） 所示，如果 A、B 两国不进行贸易，资本丰裕的 A 国会按照国内价格比率生产和消费相对较多的资本密集型产品 X，而 B 国则反之，可见，如果一国的资本相对丰裕，那么它在资本密集型产品上的供给能力相对较强，如果一国的劳动相对丰裕，那么它在劳动密集型产品上的供给能力相对较强。两国自给自足均衡点分别出现于E_A和E_B两点，此时消费等于生产，实现了的自给自足均衡。其中，A 国的SIC_A要高于 B 国的SIC_B，反映出 A 国获得更高的福利水平，这个结果纯属巧合。

自由贸易时，A 国会出口 X 产品，B 国会出口 Y 产品，直到两种产品的国内价格比率变化到两国的自给自足价格比率之间，形成两条虚线表示的消费可能性边界，如图 2 - 3（b）所示。此时，A、B 的均衡点分别出现在图 2 - 3（b）的E_A'和E_B'两点，此两点亦为消费点；A 国生产点由E_A点变化到q_A点，B 国生产点由E_B点变化到q_B点，两国既生产 X 又生产 Y。A 国的贸易三角为右图下面部分的阴影三角，可见，它进口（$C_{YA}' - Q_{YA}$）的 Y 产品，而出口（$Q_{XA} - C_{XA}'$）的 X 产品；B 国的贸易三角为右图下面部分的红色三角，进口（$C_{XB}' - Q_{XB}$）的 X，而出口（$Q_{YB} - C_{YB}'$）的 Y。相比自给自足，两国的社会无差异曲线分别由SIC_A、SIC_B上升到SIC_A'和SIC_B'，福利水平均得到提高。

作为主流的现代国际贸易理论，生产要素禀赋理论继承了传统贸易理论，也在传统的基础上有了新的发展。首先，它用生产要素禀赋差异来代替李嘉图的比较成本差异，使理论更具普适性；其次，它把李嘉图的个量分析扩大为总量分析，使比较优势理论摆脱了在单一生产要素上的不足；最后，它更加贴合实际的经济运行情况，从而提高了理论的现实意义。

当然，生产要素禀赋理论也有不足，而遭到诸多驳斥，其中影响最大的是要素价格均等化和里昂惕夫悖论，分别从逻辑和实证两反面给它带来了较大的打击。我们知道在自给自足时，劳动力丰裕的 B 国的劳动力将获得相对低的工资，而资本将获得相对较高的回报。在自由贸易时，B 国衰退部门 X 转移出来的劳动力相对较少，而逐日增长的部门 Y 所需劳动力却较多。相反，从 X 流出的资本会比 Y 部门增长所需的要多。如此，B 国劳动力报酬会提高，而资本报酬会下降。A 国的情况相反。因此，生产要素价格朝着密集使用它的产品的价格变化方向变动，朝着均等化发展。这就是要素价格均等理论。20 世纪 40 年代，保罗·萨缪尔森（Paul Samuelson）证明了要素价格均等理论，自由贸易下完全均等的产品价格会导致完全均等的要素价格。虽然要素价格均等化在逻辑上具有一定说服力，但它是和现实不吻合的。从现实来看，给生产要素禀赋理论猛地一击的是著名的里昂惕夫悖论。按照 H - O

模型，具有丰裕资本的国家应该进行资本密集型产品的出口，但现实却是许多出口劳动密集型产品的国家用有丰裕的资本。这种生产要素禀赋理论和现实之间的矛盾便是里昂惕夫悖论，它也是产业内贸易理论出现的一个重要原因。

虽然如此，第二次世界大战之前，生产要素禀赋理论依然在贸易理论当中占据着主导地位。它强调各国生产要素禀赋差异在国际贸易中的决定作用，因此，国际贸易应该在具有不同生产要素禀赋的国家之间进行。但第二次世界大战后之后，一切渐渐变了，国际贸易出现了新现象，并呈排山倒海之势，使传统贸易理论变得苍白无力，即使是生产要素禀赋理论也显得无所适从。

二、产业内贸易模式的理论基础

产业内贸易是怎样的一种现象呢？第二次世界大战后，发达国家之间的贸易越来越频繁，而它们的生产要素禀赋基本类似。20 世纪 60 年代，韦尔多恩（Verdoorn，1960）对"荷比卢经济同盟"内的贸易模式演变进行了研究，发现：建立经济同盟之后，基于国际贸易标准分类的区内同类产品跨国流动越来越显著，产品高度差异化和产业内分工专业化的趋势显著增强。随后，美国经济学家巴拉萨（Balassa，1966）对欧共体制成品贸易进行研究，发现大部分贸易发生在 SITC 分类的产品组内，而非产品组间，意味着贸易产品更常见的是要素密集度相同或相似的同种产品，而非不同种产品，进而他最早将这种同种产业内部的产品贸易命名为"产业内贸易"，从而拉开了两种国际贸易模式研究的序幕。我们知道，上述无论是绝对优势理论，还是比较优势理论，又或者是生产要素禀赋理论，它们所揭示的都是世界各国之间"产业间贸易"的奥秘。因此，为了解释国际贸易新现象，西方经济学家开启了对产业内贸易理论的研究。

至今，产业内贸易理论已拥有相当丰富的理论观点，包括从需求方面入手的偏好相似理论、从供需两方面出发的市场结构理论、博弈论以及倾销、补贴和价格支持等贸易政策或行为论，等等。在此着重梳理前两者，偏好相似理论和市场结构理论，它们体现了产业内贸易理论的核心特征。

（一）偏好相似理论

1961 年，瑞典经济学家林德（Linder）提出了偏好相似理论，他从需求角度出发，认为一国具有代表性的需求会渐渐地向某种比较昂贵的商品甚至奢侈品转移，随着该国经济增长和人均收入的提高。从而最早对那逐日占据领导地位的产业内贸易做出了理论解释。为了满足市场需求，厂商会不断地扩大生产与改进技术，结果使得供给增长速度超过需求增长速度，也就积攒了向别国出口的能力。可见，林德的基本论点是：一国潜在的出口产品只有可能是本国消费后并投资生产的产品，那些在国内没有需求的产品是不可能出口的，即出口的可能性取决于产品的国内需求。林德认为，两个国家需求结构越相似，它们之间的贸易量也就越大，且主要进行的是产业内贸易。此外，他还认为影响需求结构的最主要因素是人均收入水平，故可以说人均收入水平是影响贸易乃至贸易模式的根源。因此，发达国家间的贸易便不难理解，因为它们的人均收入水平比较接近，需求结构、消费者偏好相似度较高，这为工业品贸易和产业内贸易奠定了广阔的市场基础。

（二）市场结构理论

如上所述，以比较成本理论和生产要素禀赋理论为核心的传统贸易理论有两个至关重要的前提假设：规模报酬不变和完全竞争。而这些假设已与社会经济生活的现实大相径庭。现实世界中，许多商品因为规模报酬递增而走向大规模生产和专业化生产，同时，所生产的产品种类越来越多，它们类似而具有替代性，但又存在一定差异（垂直差别和水平差别）而具有垄断性。可见，产业间贸易理论的假设已与现实相距甚远，而难以解释规模报酬递增和不完全竞争市场下的国际贸易新现象。因此，以保罗·克鲁格曼为代表的一批经济学家开始利用产业组织理论和市场结构理论来解释国际贸易新现象，他们用市场结构中的规模报酬递增、不完全竞争和产品异质性等构造出新的贸易理论模型，提出了所谓市场结构论，也称"新贸易理论"。

为了简洁地刻画市场结构理论，在此，我们采用休因斯和奥斯特黑文（Hewings and Oosterhaven, 2013）所构建的模型。该模型引入独立于生产规模和边际成本的固定成本来体现规模报酬递增，不完全竞争体现于假定自给自足下面临的是完全垄断市场和自由贸易下身处的是垄断竞争市场。

假设在一个完全保护的市场中，X 产品的供应被一个公司完全垄断。如图 2-4（a）所示，AC 是平均成本曲线，AR 是需求曲线，MC 是边际成本曲线，MR 是边际收益曲线，P_M 是利润最大化下的产品价格，P_S 是政府干预情况下的产品价格。为了获得最大利润，该公司会选择在 MC = MR 处进行生产，此时产品的价格为P_M，其最大利润为（a）图阴影矩形所示。考虑到消费者的利益，政府会让其把价格降低到$P_S = AC = AR$处，在这个价格下，该公司没有获得任何垄断利润，但是能够生产和出售更多的 X 产品，即产量由Q_M增加到Q_S。

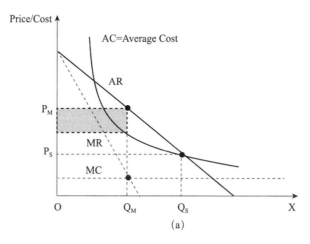

(a)

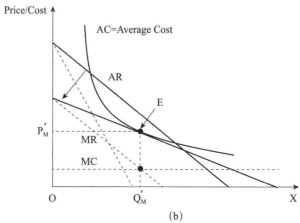

(b)

图 2 - 4　垄断竞争情况下的自由贸易

资料来源：笔者基于"Hewings, Geoffrey and Jan Oosterhaven. Interregional Trade Models［M］. In Handbook of Regional Science, edited by Manfred M. Fischer and Peter Nijkamp, New York：Springer - Verlag Berlin Heidelberg, 2013, 906"图46.3 改绘。

而当该国加入自由贸易后，它会面临来自多国众多公司的竞争。诚然，部分该国居民依然会继续购买它的产品，但大部分人会在众多其他品牌中选择出最适合他们品位的 X 产品。因此，该公司会失去相当多的国内客户，但同时，它也会迎来一批来自其他国家的新客户。如图 2 - 4 （b）所示，在垄断竞争市场中，该国 X 产品的需求曲线发生逆时针旋转，直到 AC = AR，需求价格弹性变得更大。相对于自给自足的垄断情形，在新的自由贸易均衡下，X 产品以一个更低的价格出售，这个价格类似于政府强制情况下的价格。

从以上分析，很难把握自由贸易是否增加了福利。从供给方面来说，福利增加体现于更低的平均成本、更大的产量、更高的生产力水平和竞争带来的创新。当然，自由贸易带有一些负面影响，比如不利于幼稚产业的发展壮大。从需求方面来说，福利增加体现于产品多样化带来的效用提升。迪克西特和斯蒂格利茨（Dixit and Stiglitz，1997）使用常替代弹性（constant elasticity of substitution，CES）效用函数来研究了自由贸易下的消费福利问题，提出了著名的迪克西特—斯蒂格利茨模型（Dixit and Stiglitz Model，D - S 模型）：

$$U_c = \left(\sum_{i=1}^{N} c_i^{\rho} \right)^{1/\rho} = (Nc^{\rho})^{1/\rho} = (N^{(1/\rho)-1})(Nc) \qquad (2-1)$$

$$= love\ of\ variety * resouce\ ues$$

其中，U_c 是消费者的效用函数，表示消费者消费产品 X 所获得的效用之和，N 是产品种类，ρ 是多样化偏好参数，为了保证效用函数的凸性，假定 $0 < \rho < 1$。

公式的前面部分代表 CES 效用函数。为便于理解，假设对每种 X 产品的消费数量相等（$c = c_i$）。那么，消费 X 产品所得的效用 U_i 可以分解为式（2 - 1）的后面两个式子。它们表示，消费增加而带来的效用增加幅度大于资源消耗增加幅度。这表明，从多种多样的 X 产品中选择出一种或多种进行消费它所带来的效用大于仅有一种 X 产品可选时的消费所带来的效用。

从以上两个对产业内贸易现象进行解释的理论来看，产业内贸易主要由消费偏好相似、规模经济、产品差别化和国家之间产品层次结构、消费层次结构的重合等因素共同决定。两国间的产业特征和国家特征越具有相似性，产业内贸易格局就越容易出现。反之，差异越大，就更可能出现产业间贸易格局。

这节从亚当·斯密的绝对优势理论到以保罗·克鲁格曼的市场结构理论回顾了两种贸易模式的相关理论。其中，作为传统贸易理论的产业间贸易理论强调的是国家间优势差异，而作为新贸易理论的产业内贸易理论强调的是偏好相似和市场结构等因素。虽然产业内贸易理论是对产业间贸易理论的挑战，但它不是对传统贸易理论的全盘否定，两者共同编织出了一套完整的现代国际贸易理论体系，国际贸易模式理论体系，在解释经济贸易现实上发挥着各自的作用。厘清两类贸易模式的相关理论，无疑将有助于本研究对中国区际贸易模式演进研究的顺利开展，尤其是对区际贸易模式决定因素方面的研究大有裨益。

三、产品内贸易模式的理论基础

李嘉图比较优势理论和生产要素禀赋理论等产业间贸易理论有三个经典假设：完全竞争市场和规模报酬不变；企业同质性；各国仅从事最终产品贸易。第一个假设被以克鲁格曼为代表的新贸易理论所动摇。第二个假设被以马克·梅利兹（Marc Melitz，2003）为代表的新新贸易理论所动摇。对第三个假设的动摇或重构的研究则构成了产品内贸易模式的理论基础，也可以叫作全球价值链分工理论。相比之下，全球价值链分工理论尚未成熟，其相关研究可见由 WTO 等出版的《全球价值链发展报告》。

第三节　文献综述

虽然现有对国际贸易研究的文献浩如烟海，但关于区际贸易尤其是中国区际贸易的文献却是屈指可数（赵伟、何元庆，2005），对中国区际贸易模式演进问题进行研究的文献可谓寥寥无几。那么，如何筛选出与区际贸易模式演进研究相关的文献不仅至关重要，且成了本研究的一个难题。如前文所言，区际贸易和国际贸易在本质上具有相似性，因此本研究除了对区际贸易模式演进的相关文献进行综述以外，还将重点对国际贸易模式演进的相关文献进行梳理，以期从国际贸易模式演进的相关文献中对区际贸易模式演进问题洞察一二。

一、区际贸易研究综述

在不剔除重复项目的情况下，在中国知网上以"区际贸易"和"省际贸易"为主题词分别搜索出来 162 条（包括国际区际贸易）和 99 条结果，即便以"国内贸易"为主题词，结果也仅为 2352 条（国际贸易却为 58471 条，相差悬殊），而以"区际贸易模式""省际贸易模式""国内贸易模式"为主题词搜索出来的结果更是寥寥无几，分别为 0 条、2 条和 2 条。当然，这是不完全统计，且也只是对国内研究的统计，但不难看出，有关区际贸易的研究是缺乏的，更不用说区际贸易模式。

而仔细揣摩区际贸易研究屈指可数的文献发现，其研究的内容或视角主要分为以下几类：一是研究得最多和最深入的是中国区际贸易壁垒或市场一体化或边界效应问题（Young，2000；Poncet，2003；赵永亮等，2008；行伟波、李善同，2010；行伟波、李善同，2009；盛斌、毛其淋，2011）；二是区际贸易数据估算（陈秀山、张若，2007；刘卫东等，2012；李善同、侯永志等，2008；张亚雄等，2012）；三是区际贸易特征和格局，包括贸易偏好（行伟波、李善同，2010；张少军，2013a；张少军、李善同，2013；徐现祥、李郁，2012）、贸易依存度（陈家海，1996）、贸易集中度、贸易差额（刘金山、李宁，2013）、贸易空间流向和分布（于洋，2013；孙久文、彭薇，2010）；四是区际贸易与区内贸易和国际贸易的关系（熊贤良，1993；熊贤良，1994；张少军，2013b；钟昌标，2002；黄玖立，2011）；五是区际贸易冲突问题（叶裕民，2000）；六是区际贸易基本情况（中国社科院财贸所"中国省际贸易与省际投资"课题组，1993）；七是区际贸易和区域经济发展的关系（张梅和宁静，2005）；八是其他的研究，闫丽珍等（2008）评估了玉米区际贸易的合理性及其对区域水土资源平衡的影响；刘名远和林民书（2013）以能源要素区际贸易为例，对要素价格扭曲与我国区域经济利益实现问题进行了实证分析；刘建等（2013）研究了国内贸易成本问题。

无疑这些文献丰富和深化了中国区际贸易研究，但依然是缺乏的，尤其是对区际贸易模式的研究。虽然有关于贸易模式的文献，但其研究视角或贸易模式的内涵是与本研究存在差异的。例如，徐现祥、李郁（2012）以铁路货运量作为区际贸易数据，但所研究的贸易模式指的是产品销往哪儿去的问题，且对贸易模式成因是从内需导向和外需导向两个角度进行的解释；张卓颖和石敏俊（2011）研究了中国省区间产业内贸易模式与产业结构相似性的关系，但其重点在于透过产业内贸易来审视产业结构同构问题，且仅使用了2002 年的数据；邓慧慧（2011）研究了要素禀赋比较优势和本地市场效应两方面对区际贸易模式的作用，但文章没有明确贸易模式的定义。

从研究方法来说，值得一提的是被广泛运用的引力模型，它主要用于区际贸易数据估算（张亚雄、赵坤，2008；许召元、李善同，2009；于洋，2013 等）和贸易影响因素的实证检验（盛斌、廖明中，2004；胡求光、霍学喜，2008；行伟波、李善同，2010 等）研究之中，本研究将在第 3 章利用该方法进行区际贸易数据的估算。

可见，由于受到数据限制等原因，对中国区际贸易模式的研究寥寥无几，更不用说对其演进问题的研究了。

二、国际贸易模式演进研究综述

相对寥若晨星的区际贸易模式演进方面的文献而言，国际贸易模式演进的文献可谓浩若烟海，其研究也相对成熟。早在 2007 年，马征在其博士论文《从产业间贸易到产业内贸易：演进机制分析与中国实证研究》中就对国际贸易模式演进的文献进行了综述，并且较深入地研究了中国的国际贸易模式演进问题。整体来看，有关国际贸易模式演进的文献可以分为以下两类。

（一）国际贸易模式演进的趋势

如第一章第一段中所论述的，国际贸易模式经历着一条由产业间贸易为主向产业内贸易为主发展的趋势，而这种趋势被许多学者，如王炳才等（1997）认为是一种必然。他们认为，人类由落后封闭的自给自足经济逐渐演变为先进开放的现代经济，必然先发展产业间贸易，而当人类无穷的欲望促使技术和制度在深度和广度上发展变化时，便会推动国际贸易模式向更高层次演进，从而发展产业内贸易（梁碧波，2013）。这种趋势不仅被许多学者看成是一种历史的必然，而且被看成是人们对贸易模式发展的一种愿景，正如诺顿（Naughton，2000）所言，最早的工业化萌芽出现在拥有丰富的自然要素禀赋的地区，生产不仅高度的专业化，而且大多是简单的原材料生产，在这种情况下，人们期望看到更多的产业间贸易，而当生产发展，技术进步，人们就期望产业内贸易比例增加，以满足日益多样化的需求。

可以说，国际贸易模式有着这样的长期演进趋势，但也有必要对国际贸易模式所处的演进阶段进行研究和判断。就中国而言，中国的国际贸易模式整体呈现出产业内贸易比重逐渐增长、贡献率日益提升的趋势。北京大学经济研究中心课题组（2006）使用中国 3 年（1992 年、1997 年、2000 年）的投入产出表数据测算得出，我国出口贸易垂直专门化的比例已由 14% 攀升至 21.8%。马征和李芬（2006）利用 1992～2003 年的数据，研究得出：我国各贸易模式所占比重由大到小的顺序依次是垂直产业内贸易、产业间贸易和水平产业内贸易。喻春娇等（2012）研究得出，台海两岸 ICT 制造业的贸易模式出现了由 20 世纪 90 年代的以产业间贸易为主转变为 21 世纪以产业内贸易为主的趋势；徐娅玮（2001）通过测算产业内贸易指数得出：中国的产业内贸易水平在逐年提高，产业内贸易指数的算术平均值在 1980～1997 年由 0.297 上升到了 0.43；史智宇（2003）同样运用产业内贸易指数（G-L 指数）对中国与东盟国家间贸易进行分析，得出两者间的贸易显现出由产业间贸易走向产业内贸易的演进趋势。

（二）国际贸易模式演进的驱动因素

对于贸易模式演进的驱动因素而言，总体来说，可分为两大类：一类是代表国家特征的因素；另一类则是代表产业特征的因素。

人均收入水平、经济发展水平、现有和潜在的市场容量、地理区位和一体化程度等是主要的国家特征因素。一是经济发展与人均收入水平。通常来说，一国经济发展水平与工业化程度越高，产业内贸易发展就越快，产业间贸易发展就相对受到抑制。林德（Linder，1961）的"重叠需求论"也有力地论证了人均收入水平对产业内贸易的驱动作用。在 Dixit - Stiglitz（D-S）模型基础上，克鲁格曼（Krugman，1979；1980）认为消费者具有产品多样化的偏好，参与国际贸易能够使消费者购得更多样的商品，促进社会福利的改善，从而使产业内贸易成为互惠贸易。巴拉萨（Balassa，1986）的检验结果表明人均 GDP 与产业内贸易水平之间都呈显著正相关关系。福斯特纳等（Forstner et al.，1990）得出国家差异性和产业内贸易高度负相关的结论。赫尔普曼（Helpman，1957）发现，产业内贸易的比重和人均收入相似性之间的关联性伴随时间的推移渐趋弱化。胡梅尔斯等（Hummels et al.，1995）引入土地/劳动力比变量和资本/劳动比，当人均 GDP 差异被土地/劳动比绝对值差异和资本/劳动比绝对值差异代替进行回归时，土地/劳动比绝对值差异与产业内贸易水平显著负相关。二是国家规模与市场容量。这里的国家规模与市场容量主要指经济方面的规模大小，可以用一国国内生产总值的大小来表示。通常来说，GDP 总额较大的国家的产业内贸易水平往往高于 GDP 总额较小的国家。赫尔普曼（Helpman，1987）对 1970～1981 年 12 年期间 14 个工业化国家进行检验的结果表明，GDP 总额与产业内贸易水平之间都呈正相关关系。三是运输成本与地理特征。地理区位以及由地理区位所决定的运输成本是影响国际贸易规模与贸易流向的重要因素。通常来说，两国之间距离越近，交通越便利（Donaldson，2010），运输成本越低，两国之间开展贸易的可能性也较大，贸易量越大。地理特征主要是指包括气候、地形等方面的自然特征。对于两个地理特征相近的国家来说，两国居民在生活方式以及饮食、穿着方面的消费习惯比较接近，消费需求结构的重叠部分较大，进行产业内贸易的可能性也就较大。格鲁贝尔等（Grubel et al.，1975）指出市场的地理扩展取决于消费者的空间分布、运输成本和资源的可获得性。四是贸易壁垒或者贸易自由化。对于这个因素，凯夫斯（Caves，1981）通过检验得出，贸易壁垒不利于产业内贸易的发展；巴拉萨和鲍文斯（Balassa and Bauwens，1987）研究认为，贸易壁垒和产业内贸易之间存在负相关关系；马维尔和雷（Marvel and Ray，1987）也对贸易自由化是否能提高产业内贸易水平问题（换言之，是产业内贸易受到贸易壁垒限制更多还是传统的产业间贸易受限更多?）进行了研究，他认为结果依赖于规模经济和比较优势怎样决定生产布局；汉密尔顿和克尼斯特（Hamilton and Kniest，1991）基于边际产业内贸易指数的计算结果得出，贸易自由化不一定推动产业内贸易发展。五是区域经济一体化程度。多数检验结果表明区域经济一体化程度与产业内贸易水平正相关。比如，丰塔等（Fontagné et al.，1997）对 1980～1994 年欧盟成员国之间的贸易进行分析，发现经济一体化水平与垂直型产业内贸易以及水平型产业内贸易水平显著正相关；巴拉萨和鲍文斯（Balassa and Bauwens，1987）认为产业内贸易水平和参与经济同盟之间存在正相关关系。

　　产品差异化程度、规模经济、进入壁垒以及国际直接投资的类型等是主要的产业特征因素。一是产品差异化。产品差异化对产业内贸易水平的影响在大部分研究中都是正的，并且在经验分析中，人们常常使用广告支出在销售额中所占比重、专业技术人员在总就业人员中所占比重、注册商标数量、研发支出水平以及利润的标准差等指标来度量产品差异化程度，这些指标越高，产品差异化程度就越高，产业内贸易水平也就越高。比如，凯夫斯（Caves，1981）、伯格斯特兰（Bergstrand，1983）、巴拉萨（Balassa，1987）以及法雷尔等（Farrell et al.，1991）论证了工业化国家的产品差异化对于促进产业内贸易的发展具有重要作用。休斯（Hughes，1993）同样发现产品差异化与产业内贸易水平显著正相关。夏尔马（Sharma，2000）基于澳大利亚的数据，得出规模经济和产品差异性与产业内贸易正相关。马剑飞等（2002）基于中国的数据，发现产品的差异对与产业内贸易具有正面影响。但是，卢策和沃尔特（Loertscher and Wolter，1980）以 OECD 国家中的双边贸易流为样本进行检验，得出产业内贸易与产品差异程度缺乏显著相关性。格里纳韦等（Greenaway et al.，1995）基于英国的数据，得出虽然垂直产业内贸易与厂商数量和产品多样化正相关，但产品差异化对水平产业内贸易的影响不显著。二是规模经济。20 世纪 80 年代初，以克鲁格曼（Krugman，1980）为主的西方学者开始尝试从不完全竞争和规模经济基础上对产业内贸易进行理论解释。卢策和沃尔特（Loertscher and Wolter，1980）在其异质产品模型中假定相似要素禀赋国家之间发生产业内贸易源于规模经济和水平异质性。但法尔维（Falvey，1981）相继利用局部均衡模型和建立 F - K 模型证明，无论是不完全竞争市场结构，还是规模经济，都与垂直产业内贸易没有必然的联系，都不是产业内贸易发生的必要条件。三是集中度。学者就集中度对贸易模式的影响没有一致的结论，有的人认为产业集中度对产业内贸易的影响显著，且为负向影响，比如托（Toh，1982）、格里纳韦和米尔纳（Greenaway and Milner，1984）以及休斯（Hughes，1993），而有的人却认为是显著的负向影响，比如马维尔和雷（Marvel and Ray，1987）和克拉克（Clark，1993）。四是跨国公司与国际直接投资。格里纳韦等（Greenaway et al.，1994）对英国和其欧盟邻国之间的贸易进行了分析，跨国公司活动变量与水平差异化产品产业内贸易显著正相关。而市场寻求型的外商直接投资通常则对产业内贸易起到了替代作用。例如，凯夫斯（Caves，1981）利用 1970 年 13 个工业化国家、94 个部门的数据检验产业内贸易驱动因素，得出产业内贸易受外商直接投资的显著影响，且是负向影响。巴拉萨等（Balassa et al.，1987）对 38 个国家152 个产业制成品产业内贸易进行分析，认为产业内贸易也受到国外附属机构贸易以及外商直接投资的显著负向影响。

就中国贸易模式的决定因素而言，徐娅玮（2001）的实证检验结果认为居民平均消费水平提升和人口数量增长对产业内贸易增长具有较大的贡献。马剑飞等（2002）选取1999年和2000年中国20个制造业的数据，采用截面数据模型和加权回归，得出产业内贸易受到产品差异性的显著正向影响，受外资的负向影响。赵志刚（2003）按照经济发展水平对我国的贸易伙伴进行分类，采用1984～1994年的数据，运用截面数据模型，得出我国产业内贸易深受市场规模和收入水平的影响。史智宇（2003）研究了我国与东盟国家间贸易的影响因素，得出我国与东盟产业内贸易的发展深受产业结构调整和人均GDP的影响。另外，在中国产业内贸易发展状况研究方面，岳昌君（2000）和陈讯等（2004）也进行了较为笼统的实证检验。还有一些文献进而将产业内贸易细分为水平产业内贸易和垂直产业内贸易，并且运用新颖的计量方法进行了检验。比如，胡晓玲和马跃（1999）全面考察了中国与其45个主要贸易伙伴国的垂直产业内贸易和水平产业内贸易，得出贸易伙伴不同，则产业内贸易指数不同，同时各个产业的产业内贸易指数也有很大差异。陈卫平等（2004）考察了中国加工食品产业内贸易的发展现状及其决定因素，得出对于中国加工食品贸易而言，产业内贸易对其助推作用越来越大，尤其是垂直产业内贸易，且垂直产业内贸易的增长幅度明显。韩剑（2004）运用引力模型，对中国产业内贸易的影响因素进行了研究，结果表明：人均收入水平、经济总量以及区域经济一体化等因素对产业内贸易具有正向影响，收入差异、国家规模和空间距离等因素则对产业内贸易具有负向影响。耿强（2004）运用东亚地区电子产业的面板数据，研究得出东亚电子产业的垂直产业内贸易受外商直接投资的驱动。

三、文献评述

尽管已有文献对国际贸易模式的发展及其决定给出了很好的解释，尤其是着眼于产业内贸易而对其影响因素和度量方法进行了深入研究，且值得本研究借鉴。但现有研究或多或少存在一定的局限性和不足之处，最主要的表现为以下三点。

第一，现有对国际贸易模式的研究汗牛充栋，但区际贸易模式方面的研究却极其缺乏，尤其是发展中国家的区际贸易模式还是一个待研究的课题。

第二，已有绝大多数对贸易模式的研究都把侧重点放于产业内贸易的发展变化上，而对产业间—产业内—产品内贸易模式的演进问题却着墨较少。也就是说，主要是静态分析，而缺乏对贸易模式发展的动态解释。但我们知道，动态分析对解决贸易模式进一步发展的方向以及发展中国家如何展开贸易具有重要意义。

第三，多以发达国家为例进行研究，对发展中国家的适用性还需要进一步的理论和实证验证。以往的贸易理论，尤其是产业内贸易理论主要是由发达国家的经济学家研究并得出的结论，较少有从发展中国家的视角去解释。尽管法尔维和赫尔普曼等学者从国际垂直分工的角度对发达国家与发展中国家的垂直产业内贸易进行了解释，但他们也没能突破传统分析框架，也就不能为发展中国家长期贸易模式的发展提供新的思路。

第四节　本章小结

本章首先对区际贸易的概念和区际贸易模式进行了界定：区际贸易是一国国内各区域之间的商品和劳务贸易，它与国际贸易没有本质差异，只有程度上的不同；区际贸易模式是：一定时期内，一国国内两区域之间的区际贸易活动类别，包括产业间贸易模式和产业内贸易模式，即产业间—产业内贸易模式。其次，分别对产业间贸易模式、产业内贸易模式和产品内贸易模式相关理论进行梳理，但由于区际贸易模式的研究缺乏，因此理论源于国际贸易模式相关理论。最后，从区际贸易的现有研究文献来说，已有研究对区际贸易模式的研究是极其缺乏的，但现有丰富的国际贸易模式相关研究却能为本研究提供了有用的借鉴，因此本章对国际贸易模式的已有研究成果着墨较多。总之，区际贸易模式问题值得研究，且在研究的过程中由于文献的缺乏，难免要用到国际贸易模式方面的研究成果，但只要把握分寸，注意区际贸易和国际贸易的区别，依然能将研究顺利推进。

第三章

区际贸易数据与中国区际贸易格局

贸易一直是经济学研究的不朽话题，但我们知道，对贸易的研究主要集中于经济体之间的贸易，而对经济体内部各区域之间的贸易研究却是欠缺的，甚至对许多人来说，它还是一个"黑箱"。而这种欠缺实际上根植于数据的可获得性。因此，笔者要研究区际贸易模式，必须解决掉区际贸易数据这只"拦路虎"，这是尤为重要和不可或缺的一步，也是本章的意图所在和本研究的关键所在。具体而言，从梳理区际贸易数据的获取途径入手，寻觅到一条具有可行性和可靠的途径，然后从产业分类、区域选择和支撑数据等方面着手，为区际贸易数据的获取做好准备工作，最后得到区际贸易数据并从贸易总额、贸易差额、贸易流向和集中度几个视角鸟瞰中国区际贸易格局。

第一节　现有区际贸易数据的获取途径

区际贸易数据之所以成为相关研究的"拦路虎"，成为打开区际贸易这个"黑箱"的钥匙，成为区际贸易模式研究的基础和前提，原因在于我国并没有对区际贸易数据进行统计，同时鉴于需要大量的人力、财力、物力和时间的投入，通过调研手段直接获取区际贸易数据也相当困难，因而获取一手数据可谓举步维艰，这就直接导致中国区际贸易的相关研究文献寥若晨星。显然，若要获取数据，现在而言只有依靠间接途径。综观已有文献，的确有不少研究者突破一手数据的桎梏，另辟蹊径，找到了掘取区际贸易流的间接途径。陆铭等（2011）把主要的间接途径归结为4种，本书在他们的基础上进一步归纳出与之存在一定差异的4种主要间接途径。

一、途径1："金税工程"信息系统

"金税工程"全称为中国税收管理信息系统（CTAIS），是国家信息化建

设的重点工程（"十二金"工程）之一，是覆盖所有税种、国地税务机关和税务征收管理的信息化系统工程，其目标是加强对增值税开票、认证、交叉稽核和协查的管理，为了搭建全国统一的税务服务基础技术平台，为了实现业务数据在国家税务总局和省级税务局的集中处理。从 1994 年开始实施至今，金税工程前后经历 20 多年 3 期的建设，已基本形成了覆盖全国所有增值税的一般纳税人和部分小规模纳税人的国家税务信息系统，由于其功能强大、覆盖全面、监控有效、全国联网运行，它已然成为中国电子政务工程的核心系统之一（王长林，2015）。

"金税工程"信息系统之所以是获取区际贸易流量数据的一条途径，主要是因为它采集了我国各省份①每月入库的增值税专用发票，而增值税专用发票上的记录显示了各省区之间的贸易量。具体而言，增值税的一般纳税人在进行货物交易时，购买方向销售方支付一笔包含税额的金额，销售方向购买方开出一张增值税专用发票。在这张专用发票上，注明了本次交易的销售金额和增值税额，还注明了销售方和购买方的公司名称，并由此可以查到购销双方的公司所在地。这张专用发票上记录的销售金额就是本次交易的贸易量，如果购销双方所在地属于不同省份，则本次交易属于省际贸易，反之，则为省内贸易。因此，只要通过"金税工程"信息系统采集到当年全国所有的专用发票，便可以获得当年所有的省际贸易量和省内贸易量。

总之，该系统能够提供较为准确可信和完整全面的双边贸易信息。但遗憾的是，它并不公开，因而使用受到限制。同时还存在纳税方所在地与真实贸易地不同的可能性，从而数据失真。目前，通过"金税工程"信息系统这条途径获取我国区际贸易数据进行的研究有李善同和侯永志等（2008）、行伟波和李善同（2009）。

二、途径 2：铁路货运量数据

铁路是区际货物运输最重要的承担者之一，特别是区际长途大宗货物，其多数都是经由铁路进行运输，因此，省际铁路运输大致能够反映省际产品

---

① "金税工程"信息系统能够提供县市甚至更细的行政单位的数据，但由于本研究只研究省际贸易，所以不考虑更细的区域单位。

贸易格局。1998 年至今，《中国交通年鉴》和《中国铁道年鉴》连续报告了我国各省份由国家铁路运输的产品交流数据。它与"金税工程"信息系统相比，具有数据公开可获得性的特点，与途径 3 的投入产出表相比具有时间跨度长且连续的特点，因而一些人认为它是考察中国省际贸易最合适的数据。虽然我国省际贸易可以选择铁路、公路、航空、水运和管道运输这 5 种运输方式，铁路货运量在全国货运总量中的比重是 11% ～ 18%，并不是我国省际贸易的全部，但我国现有统计年鉴都只提供了省际的铁路运输量，而没提供其他运输方式的省际货运量，因此，采用铁路货运量考察中国省际贸易是一个次优选择（徐现祥、李郇，2012）。基于此，叶裕民（2000），黄玖立、冼国明（2010），徐现祥、李郇（2012）用它近似代替双边贸易流量。

但无论怎样，仅用铁路货运量数据来代表中国省际贸易流量数据会存在较大偏差；同时，该数据仅包含产品贸易，据此无法考察各省份间的服务贸易联系；另外，该数据提供的是按照重量加总的实际量，而不是按照价值加总的名义量；最后，公开可获得的铁路货运量数据只报告了我国省际贸易的总量，并没有按照商品的种类或行业细分的省际贸易量。由于这些缺陷，运用铁路货运量数据无法研究服务贸易、省际产业分工和省际贸易模式演进等问题，因而本书也就无法使用该数据。

三、途径 3：投入产出表（模型）

投入产出表是以定量分析的手段研究社会经济系统中各部门之间投入与产出的相互依存关系，是经济学、管理科学与数学紧密结合的数量分析模型，它分为单一区域的投入产出表和区域间投入产出表，后者是一种系统地分析跨区域生产部门之间供需关系的数量工具（石敏俊、张卓颖，2012）。投入产出表很特别，它既是以贸易流量数据为基础而编制的数学工具，也是提供贸易流量数据的间接途径之一。在国家内部各区域之间的经济联系日益密切的当今世界，投入产出表成为分析区域之间经济联系的重要工具。

1987 年，国务院办公厅《关于进行全国投入产出调查的通知》明确要求编制全国投入产出表，每五年一次①，我国各省区也随之每隔五年编制一张

---

① 逢 2、逢 7 年度编制一次基本表，逢 0、逢 5 年度编制一次延长表。

省级投入产出表①，即单一区域的投入产出表。这些投入产出表的基本流量表中，大部分都有系统地反映各产业的省际贸易流量的国内"流入"和"流出"两栏，因此受到相关研究者的青睐，例如，诺顿（Naughton，2000）在研究中国市场一体化程度时，通过1992年中国省级投入产出表计算得到中国省际贸易流量；庞赛特（Poncet，2003）分析中国省际贸易时，也利用了中国省级投入产出表中各省与其他地区的贸易流量数据；张少军和李善同（2013）在研究中国省际贸易的演变趋势和特征时，更是使用了1987~2007年各省份投入产出表中的省际流入流出数据。但因为省级投入产出表流入和流出的对象是国内其他所有地区，所以只能得到一个笼统的"一对多"的省际贸易流量，而不能得出两省区间的"一对一"的双边贸易流量。同时需要注意的是，各省份投入产出表的质量良莠不齐，有的省份的流出和流入数据包含出口和进口，有的甚至只有一列包含净出口的净流出或包含净省际流出的净出口（陆铭等，2011）。因而，通过单一区域投入产出表不能获得本书需要的区际贸易流量数据，更准确地说，是不能获得我国省与省之间的"一对一"的贸易流量数据。

针对单一区域的投入产出表的不足，出现了区域间投入产出表，它为更好地研究区际经济联系提供了巨大裨益。最早的区域间投入产出模型由艾萨德（Isard，1951）提出，被称为Isard模型或IRIO模型。由于该模型的研制比较复杂，因此有学者对之进行了简化，最常见的两类是MRIO模型和Pool模型，前者由切纳里（Chenery，1953）和摩西（Moses，1955）先后独立提出，后者由里昂惕夫和斯特劳特（Leontief and Strout，1963）共同提出。由此，区域间投入产出模型逐步发展并得到广泛应用，欧盟、美国②、日本、荷兰等都各自研制了区域间投入产出模型。相对于国外而言，中国区域间投入产出模型编制的起步较晚，成果屈指可数，主要有刘强和冈本信广

---

① 此前，1973年，我国编制了第一张投入产出表，即中国61个部门的实物型投入产出表；1980年，山西省统计局编制了山西省1979年的投入产出表，成为我国第一个编制省级投入产出表（包括实物型和价值型）的省份；继而，黑龙江（1981年）、上海（1981年）和天津（1982年）等也分别编制了各自的省级投入产出表。

② 普兰斯基（Polenske）首次研制了美国区域间投入产出表，参见凯伦·R. 普兰斯基. 美国多地区投入产出核算及模型技术［M］. 国家统计局投入产出办公室译，沈阳：辽宁人民出版社，1991.

（2002）编制的 1997 年中国 3 区域 10 部门区域间投入产出模型；国家信息中心（2005）编制的 1997 年中国 8 区域 30 部门区域间投入产出模型；市村真一和王慧炯（2007）编制的 1987 年中国 7 区域 9 部门区域间投入产出模型；中国科学院虚拟经济与数据科学研究中心构建的 2002 年中国 30 个省份 60 部门的区域间投入产出模型和 2007 年中国 30 个省份 55 部门的区域间投入产出模型（以下简称 China – IRIO 2002 和 China – IRIO 2007）①，张卓颖等（2015）对 China – IRIO 2002 的编制过程进行了具体的分析，石敏俊和张卓颖（2012）也对 China – IRIO 2002 的编制过程进行了分析，同时利用它探讨了区际经济联系；张亚雄等（2012）编制的 2002 年和 2007 年中国 30 个省份的区域间投入产出模型；刘卫东等（2015）编制的 2010 年中国 30 省份区域间投入产出模型；许宪春和李善同（2008）编制的 1997 年中国 8 区域的区域间投入产出表；李善同（2010）编制的 2002 年中国 30 个省份的区域间投入产出表；李善同（2016）编制的 2007 年中国 30 个省份的区域间投入产出表。这些区域间投入产出表能够提供区域内和区域间细分产业部门的中间投入和最终使用信息，是区域间贸易研究的难得数据。然而，各个机构或学者编制的区域间投入产出表要么部门不够细分，要么年份不全，仅包含一年数据或者两三年数据，数据少且离散，同时鉴于各研究在原始数据来源和编制方法等多方面存在不统一，因而难以综合使用。

四、途径 4：估算法

区域间投入产出表是获取区际贸易流量的一种途径，其根本原因在于它是以贸易流量数据为基础的分析区域间经济联系的数学工具。因此，区域间投入产出表编制的关键和第一步还在于区际贸易流量数据的获取，而使用较多和最重要的获取途径是"估算"。就区际贸易流量的估算途径而言，它大致可分为两类：一是模型；二是数学规划（陈秀山、张若，2007；市村真一、王慧炯，2007）。其中，模型估算法是区际贸易流量数据获取的最常见

① China – IRIO 2002 和 China – IRIO 2007 由中国科学院虚拟经济与数据科学研究中心在 Chenery – Moses 模型框架和中国 30 个省级投入产出表的基础上，采用实际数据和非调查法相结合的方法，构建的中国 30 个省份间的区际投入产出模型。

和最重要的估算法。

在模型估算法中，使用较多的是引力模型（gravity model）。谈及引力模型，最早要追溯到使用该模型研究人类社会相互流动的美国经济学家凯里（Carey，1858），他参照牛顿的万有引力公式提出了空间流动的"引力法则"，该法则认为，人之于社会好比分子之于物质，某区域内集中的人越多，该地区越具吸引力，因此吸引力直接与人口密度相关，与距离成反比。此后，诸如杨（Young，1924）、齐普夫（Zipf，1947）和安德森（Anderson，1955）等研究者逐步扩展了凯里的空间流动的"引力法则"概念。1962 年，丁伯根（Tinbergen）最早把引力模型应用于国际贸易领域。随后，该模型在很多实证分析方面得到了成功的验证，也有不少学者试图给出引力模型的理论基础（Bergstrand，1985；Deardorff，1995；Head and Mayer，2000；Anderson and van Wincoop，2003）。

区域间引力模型由里昂惕夫（Leontief）和斯特劳特（Strout）于 1963 年首次提出。在估算区际贸易流量时，采用区域间引力模型可以不必分别推算不同区域的流入量和流出量，这样就可以大大减少推算所需的数据量与工作量（石敏俊、张卓颖，2012）。因而，在实证研究中，许多都采用它来估算区际贸易流量（刘强、冈本信广，2002；张亚雄、赵坤，2008；石敏俊、张卓颖，2012；张亚雄、齐舒畅，2012；于洋，2013；孙久文、彭薇，2010）。具体而言，区域间引力模型认为两区域之间的贸易流量与它们各自的经济规模成正比，两个区域的经济规模越大，贸易量就越大；与它们之间的距离成反比，距离越远，贸易量就越小。其计算公式为：

$$t_i^{RS} = \frac{y_i^R d_i^S}{y_i} Q_i^{RS} \qquad (3-1)$$

其中，t_i^{RS} 为 i 产业从 R 区域到 S 区域的流出量；y_i^R 为 R 区域 i 产业的总产出；d_i^S 为 S 区域对 i 产业的总需求；y_i 为所有区域 i 产业的总产出；Q_i^{RS} 为 i 产业从 R 区域到 S 区域的贸易参数，或称为摩擦系数。

可见，利用区域间引力模型计算区域间各产业的贸易量取决于摩擦系数估算方法、各区域分产业总产出和总需求的数据，而关键在于摩擦系数 Q_i^{RS} 的推算。为此，井原（Ihara，1979；1996）假定从某一区域向其他区域的物资输送量的分配比例与物资中重要的产品的分配比例存在近似性，从而引入运输量分布系数（proportional distribution of interregional commodity flows）作为区域间产品流动的摩擦系数 Q_i^{RS}。此系数得到了许多学者的采用（孙久文、彭薇，2010；石敏俊、张卓颖，2012；于洋，2013），它的计算公式为：

$$Q_i^{RS} = \frac{H_i^{RS}}{\dfrac{H_i^{RO} H_i^{OS}}{H_i^{OO}}} \qquad (3-2)$$

其中，Q_i^{RS} 为摩擦系数；H_i^{RS} 为 R 区域到 S 区域的 i 产业中重要产品的运输量；H_i^{RO} 为 R 区域的 i 产业该产品的总发送量；H_i^{OS} 为 S 区域的 i 产业该产品的总到达量；H_i^{OO} 为所有区域 i 产业该产品的总发送量。

与投入产出表、"金税工程"信息系统和铁路货运量数据相比，引力模型兼具时间连续性、原始数据可获得性以及数据完整性等特点，因此是目前备受欢迎的且较为成功的获取区际贸易流量数据的主要途径，但它也因假设条件而存在结果与现实有出入的弊病。

五、途径对比与甄选

综上所述，获取区际贸易流量数据的各种间接途径各有优劣，如表 3－1 所示。为此，只依靠某一种途径是不够的，这从现有大部分文献中可以得到佐证，如，刘卫东等（2012）利用了"各省份 2007 年投入产出表"+"地理加权回归方法"+"引力模型"这样的混合途径，构建了一个估算区域间贸易流量的"产业—空间统计模型"；于洋（2013）利用的是"统计年鉴"+"各省份 2002 年和 2007 年投入产出表"+"回归分析和引力模型"的混合途径；张红梅和李黎力（2018）利用的是辅之以投入产出表的"引力模型加单一点估算法"。第 3 种综合方法的具体操作步骤如下：一是把已知区际贸易数据（或者摩擦系数）的年份作为基年，待估数据的年份作为计划年；二是根据基年各省份投入产出表和统计年鉴以及区域间投入产出表，获得一套完整的基年支撑数据，包括相关的总产出、总需求和区际贸易流量，从而应用式（3－1）反推出基年的摩擦系数（若已知基年摩擦系数，则无此步骤）；三是假定基年到计划年的摩擦系数不变，便可运用引力模型来估算计划年的区际贸易数据。需要注意的是，此方法的一个前提是已知某年摩擦系数，或者区际贸易数据，而从途径 3 可知，该前提是能够满足的。现已有学者或机构编制了部分区域间投入产出表，这些表便提供了部分年份的区际贸易数据。因此，可以根据区域间投入产出表的可获得性来适当地确定基年，然后匹配基年和计划年的摩擦系数，以此得到连续年份的区际贸易数据。

表 3-1 区际贸易数据四条间接获取途径对比

对比指标	"金税工程"	铁路货运量	投入产出表		估算法
			单一区域	区域间	
获取难易度	9	3	2	4	7
数据准确性	9	4	5	8	7
分产业与否	分	不分	分	分	分
分区域与否	分	分	不分	分	分
时间连续性	连续	连续	不连续	不连续	连续

注：采取 10 分制来衡量获取难易度和数据准确性，0 表示非常容易和非常不准确，10 表示非常难和非常准确。

资料来源：笔者根据整理而得。

本书需要获得分产业、分区域的区际贸易数据，该数据的获取途径主要有三条，即"金税工程"信息系统、区域间投入产出表和估算法。但第一条数据不公开，获取难度大，第二条的估算法比较费时。综合考虑数据获取难易度、数据准确性、分产业与否、分区域与否和时间连续性，选择国务院发展研究中心李善同研究员领头编制的区际投入产出表数据库（简称 DRCMRIO 数据库）作为区际贸易数据获取途径（李善同等，2023）。该数据库涵盖了1987 年、1992 年、1997 年、2002 年、2007 年、2012 年和 2017 年区际投入产出表，包含最新年份区际投入产出表且年份饱满；这些区际投入产出表基于国家统计局编制的国家和省级投入产出表，基础数据可靠；采用"自下而上"的方法、引力模型和交叉熵模型，编表方法科学且各年份统一。为了对区际贸易数据形成较为直观的认识，在此以表 3-2 的流量矩阵展示。

表 3-2 i 产业区际贸易流量矩阵

省份	北京	天津	河北	……	新疆	总流出
北京	$t_i^{1,1}$	$t_i^{1,2}$	$t_i^{1,3}$	……	$t_i^{1,28}$	TO_i^1
天津	$t_i^{2,1}$	$t_i^{2,2}$	$t_i^{2,3}$	……	$t_i^{2,28}$	TO_i^2
河北	$t_i^{3,1}$	$t_i^{3,2}$	$t_i^{3,3}$	……	$t_i^{3,28}$	TO_i^3

续表

省份	北京	天津	河北	……	新疆	总流出
……	……	……	……	……	……	……
新疆	$t_i^{28,1}$	$t_i^{28,2}$	$t_i^{28,3}$	……	$t_i^{28,28}$	TO_i^{28}
总流入	TI_i^1	TI_i^2	TI_i^3	……	TI_i^{28}	

其中，t 为 i 产业产品（或服务）由 a 区到 b 区的流出额，i 表示产业，A 和 B 表示省份；TO_i^a 为 a 区产品和服务的总流出；TO 为各区产品和服务的总流出之和；TI_i^b 为 b 区产品和服务的总流入；TI 为各区产品和服务的总流入之和。

区际贸易流量涉及产业分类和区域选择问题，在此对之进行说明。

对于产业分类，过于笼统和粗略的细分会夸大产业内贸易和产品内贸易的数值，反之则会提升产业间贸易的水平，因此不同的分类可能会得出不同的研究结论，故确定本研究的产业分类十分必要也很重要。DRCMIRO 数据库中，1987 年和 1992 年包含 33 个产业，其他年份为 40 个和 42 个产业，因此，按照 1987 年的产业分类对其他年份的产业进行合并以保持各年份的统一。

本书选择不包含港、澳、台、西藏、海南和重庆在内的中国 28 个省（区、市）作为区域单位，之所以不包含西藏是因其统计数据缺乏，海南是因为它于 1988 年才从广东分离出来单独设省，而重庆是由于它 1997 年才改设为直辖市，故为了保持样本年份数据的一致性，将海南和重庆分别并入广东省和四川省。如表 3-3 所示，如无特别说明，表中编号适合全文。为了行文简洁，把省（区、市）统称为省份，从而本书中的区际贸易也即是省际贸易，但为了行文的统一，以下无特别说明时都用"区际贸易"一词。

表 3-3　　　　　　　　　　区域选择及其编号

区域编号	区域名称
Region 1	北京
Region2	天津
Region3	河北
Region4	山西

区域编号	区域名称
Region5	内蒙古
Region6	辽宁
Region7	吉林
Region8	黑龙江
Region9	上海
Region10	江苏
Region11	浙江
Region12	安徽
Region13	福建
Region14	江西
Region15	山东
Region16	河南
Region17	湖北
Region18	湖南
Region19	广东
Region20	广西
Region21	四川
Region22	贵州
Region23	云南
Region24	陕西
Region25	甘肃
Region26	青海
Region27	宁夏
Region28	新疆

同时，在此对第二篇出现的东中西部划分进行说明。有关东中西部的划分源于 1986 年，后经过一系列演变出现了小有差异的多种表述，本书采用东部 11 省份、中部 8 省份、西部 12 省份的划分方法，并结合上文 28 个区域的选取，最终，所指的东部包括：北京、天津、河北、辽宁、上海、江苏、浙

江、福建、山东和广东；中部包括：山西、内蒙古、吉林、黑龙江、安徽、江西、河南、湖北和湖南；西部包括：四川、贵州、云南、陕西、甘肃、青海、宁夏、新疆和广西。

第二节　中国区际贸易格局

虽然区际贸易数据在本书中主要作为基础数据进入区际贸易模式等的计算，也就是"隐身幕后"，而不直接出现，但其深含的意义不可小觑。因此，有必要从区际贸易总额、贸易依存度、贸易差额、贸易集中度和贸易产业结构这五个方面入手对之进行经验分析，勾勒中国区际贸易格局。

一、区际贸易总额

区际贸易总额是指某省份的国内省外流出与省外流入之和（按当年价格计算而得）。

首先，改革开放以来，我国区际经济联系不断加强，区际贸易快速增长①。由图3-1可见，一方面，全国区际贸易总额呈上升趋势。全国区际贸易总额由1997年的81 800亿元上升到2017年的1 016 600亿元，增长12倍。每5年平均增长率高达99.46%，尤以2007~2012年的增长率最高，高达122.55%，这与金融危机重创下国际贸易增速下挫有一定关系。另一方面，分区域来看，东部、中部、西部和东北区际贸易总额大体上都呈上升趋势，且速度以上升为主。东部区际贸易总额由44 100亿元上升到552 500亿元，增长12倍，每5年平均增长率为99.34%。中部区际贸易总额在波动中上升，由1997年的15 700亿元上升到2012年的178 100亿元之后，2017年下降至128 100亿元，但整体增长8倍，每5年平均增长率为104.22%。西部区际贸易总额由14 900亿元上升到235 200亿元，增长15倍，每5年平均增长率为113.39%。东北区际贸易总额由7 100亿元上升到100 700亿元，增长14倍，每5年平均增长率为99.64%。

---

① 需要注意的是，本部分的省际贸易额是按照当期价格水平计算得到的贸易额，故其增减情况为没有剔除价格影响的名义增减。

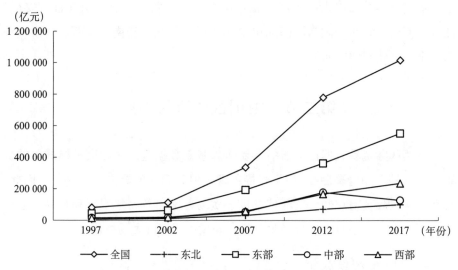

图 3 - 1　全国和四大区域区际贸易总额的变化趋势

资料来源：基于 DRCMRIO 数据库区际贸易数据，笔者自绘。

其次，东部地区是我国区际贸易的主要阵地。由图 3 - 2 可见，东部地区的区际贸易额占全国的比重在 55% 上下徘徊，且 2007 年出现一个转折，占比一改以往缓慢上升的态势而下降，从 58.15% 下降到 49.04%。中部区际贸

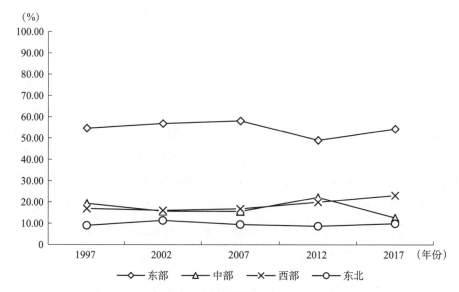

图 3 - 2　四大区域区际贸易总量占全国比重的变化趋势

资料来源：基于 DRCMRIO 数据库区际贸易数据，笔者自绘。

易额占全国的比重在 18% 上下徘徊，2012 年出现转折，占比由上升转为下降，从 22.28% 下降到 2017 年的 12.6%。西部区际贸易额占全国的比重在 17% 上下徘徊，占比缓缓攀升。东北区际贸易额占全国的比重在 10% 上下徘徊，波动不大。可见，东部区际贸易总量占全国比重遥遥领先于其他区域，这与东部开发较早、交通便利、技术领先等密切相关。

最后，我国区际贸易整体存在邻近偏好。1997～2017 年，各区域的区际贸易总量呈现出以自身为中心而向周围递减的趋势。这意味着，各区域的产品和服务首先选择在区内进行贸易，其次是邻近区域，而极少把偏远区域作为贸易伙伴，也就是贸易伙伴的选择存在邻近偏好。当然，事有例外，也有部分地区并不遵循邻近偏好，比如新疆，其主要贸易伙伴已延伸到东部沿海地区。此外，京津冀地区也比较特殊，除了河北遵循邻近偏好之外，北京和天津均与京津冀之外的其他省份联系更为密切，比如天津与长三角，北京与河南、安徽等地。

二、区际贸易依存度

区际贸易依存度等于区际贸易总额与地区生产总值之比，它分为流出依存度和流入依存度，前者为国内省外流出额与地区生产总值之比，后者为国内省外流入额与地区生产总值之比。

第一，区际贸易依存度整体呈现下降趋势。如图 3 - 3 所示，2017 年，许多省份的区际贸易依存度相对往年下降。比如，相对 1997 年、2017 年有 19 个省份区际贸易依存度明显下降，下降较多的省份是青海、天津、甘肃和湖北，分别下降了 0.84%、0.81%、0.61%、0.6%。海南、重庆、上海、吉林、陕西和浙江等少数省份区际贸易依存度相对往年上升，相对 1997 年，2017 年分别上升了 2.4%、2.36%、1.59%、1.44%、1.15% 和 1.14%。整体而言，这说明区际贸易对当地经济拉动作用在下降，也意味着通过区际贸易来拉动区域经济发展进而促进构建国内大循环还具有较大潜力。

第二，区际贸易流入依存度与区际贸易流出依存度具有正相关关系。1997～2017 年流出依存度总体较高的省份有北京、天津、上海、安徽、海南和重庆；流出依存度总体较低的省份有福建、山东、湖北、四川和云南。1997～2017 年流入依存度总体较高的省份有北京、天津、吉林、上海、安

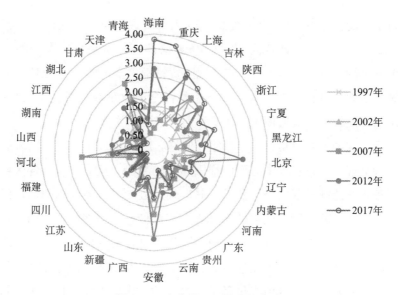

图3-3　各省份区际贸易依存度

资料来源：基于DRCMRIO数据库区际贸易数据，笔者自绘。

徽、海南、重庆、宁夏和青海；流入依存度总体较低的省份有福建、山东、湖北和四川（见图3-3）。由此可见，区际贸易流入依存度与区际贸易流出依存度正相关，从图3-4区际贸易流入依存度与流出依存度关系的散点图也能看出端倪，即流入依存度越大，流出依存度越大，反之亦然。

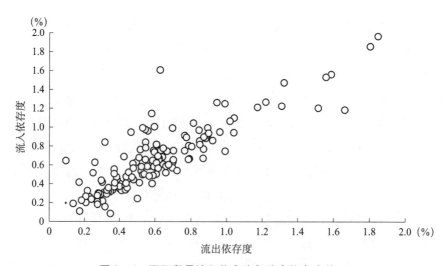

图3-4　区际贸易流入依存度与流出依存度关系

资料来源：基于DRCMRIO数据库区际贸易数据，笔者自绘。

三、区际贸易差额

区际贸易差额是某省份的国内省外流出与省外流入之差，它包含三类：区际贸易顺差（某省份对其他省份的产品服务总流出大于其总流入）、区际贸易逆差（某省份对其他省份的产品服务总流出小于其总流入）和区际贸易平衡（某省份对其他省份的产品服务总流出与总流入相等）。

如图 3-5 所示，可以将 30 个省份划分为以下六类：第一类是近似贸易平衡的省份，有内蒙古、山西、海南和江西。实际上没有出现绝对的贸易平衡，只是相对其他省份而言，每年的变化不大，且都在贸易平衡上下徘徊，故而"近似贸易平衡"。第二类是一直保持贸易顺差的省份，包括河北、上海、江苏、辽宁和山东。其中，上海是最大的贸易顺差省份，说明上海区际贸易流出额始终高出区际贸易流入额许多。第三类是一直处于贸易逆差的省

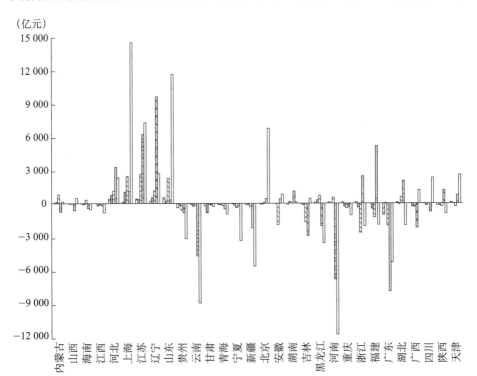

图 3-5　各省份区际贸易差额

资料来源：基于 DRCMRIO 数据库区际贸易数据，笔者自绘。

份，包括贵州、云南、甘肃、青海、宁夏和新疆，其中，云南、新疆这类沿边省份的逆差值较大，而其他省份的逆差值较小，趋于贸易平衡。第四类是由贸易逆差变为贸易顺差的省份，包括北京、安徽、湖南和吉林。第五类是由贸易顺差变为贸易逆差的省份，包括黑龙江、河南和重庆。其中，河南于2012年一改往年的贸易顺差变成到贸易逆差大省。第六类是贸易差额每年变化较大或在贸易平衡上下较大波动的省份，包括浙江、福建、广东、湖北、广西和四川等。

整体而言，区际贸易差额呈现以下特征：一是区际贸易顺差省份大多集中在东部；二是区际贸易逆差省份大多集中在西部及一些沿海沿边地区的外贸大省；三是近似贸易平衡区集中在中西部地区；四是从图 3 - 5 以及表 3 - 4 中区际贸易差额的样本极差和标准差在不断变大可以看出，1997 ~ 2017 年各省份的区际贸易差额的差异在逐步扩大。

表 3 - 4　　　　　　　区际贸易差额的样本统计值　　　　　　单位：亿元

年份	标准差	最小值	最大值	样本极差
1997	268.18	− 1 055.12	539.01	1 594.13
2002	352.98	− 847.70	1 040.06	1 887.76
2007	1 195.65	− 2 647.28	2 626.07	5 273.34
2012	3 392.46	− 7 968.37	9 690.97	17 659.34
2017	5 201.18	− 11 901.29	14 594.82	26 496.10

资料来源：基于 DRCMRIO 数据库区际贸易数据，笔者自绘。

四、区际贸易集中度

区际贸易集中度是指区际贸易集中于某产业的程度以及集中于某省份的程度，本章将借助主要用于判断产品市场集中度和垄断程度的赫芬达尔—赫希曼指数（Herfindahl - Hirschman Index，HHI），来对中国国内区际贸易集中于某产业的程度以及集中于某省份的程度进行分析，也由此把区际贸易的集中度划分为产业集中度和区域集中度。赫芬达尔—赫希曼指数于 1975 年提出，受到普遍认可。它是指某行业中各竞争企业市场份额的平方和，其表达式为：

$$HHI = s_1^2 + s_2^2 + \cdots + s_n^2 = \sum_{i=1}^{n} s_i^2, s_i = x_i/x \qquad (3-3)$$

其中，HHI 即赫芬达尔—赫希曼指数，s_i 是 i 企业市场份额，x 是该行业的市场规模，x_i 是 i 企业的规模，n 是该行业的企业数量。HHI 的取值范围为 $0 \sim 1$，其值越大，那么该行业的市场集中度就越高，说明这个行业越趋于完全垄断，反之则趋于完全竞争。对于本章的区际贸易集中度而言，式（3-3）中的 s_i 表示的是 i 产业（或省份）的贸易份额，x 是所有产业（或省份）的区际贸易总额，x_i 是 i 产业（或省份）的区际贸易总额，n 是产业（或省份）的数量。HHI 的值越大，也就是区际贸易集中度越高，说明该国的区际贸易越依赖于几个产业（或省份）。

从表 3-5 可知，1997~2017 年排名前五位的省份的区际贸易总额占全国的比重始终在 38% 左右，也即其余 25 个省份的区际贸易总额仅占全国的 62% 左右。同时，区际贸易总额排名前五位的省份除 2012 年两个省份来自中部，2017 年一个省份来自西部以外，其余年份的前五位省份全部来自东部。区际贸易的集中度可见一斑。

表 3-5　　　　　　　　　区际贸易总额排名前五位的省份

年份	区际贸易总额排名前五位	前五位区际贸易总额占全国比重（%）	所属区域（个）		
			东部	中部	西部
1997	江苏，广东，河北，山东，上海	40.66	5	0	0
2002	浙江，广东，河北，江苏，北京	38.19	5	0	0
2007	广东，河北，浙江，江苏，上海	42.13	5	0	0
2012	江苏，北京，河南，上海，安徽	33.63	3	2	0
2017	广东，浙江，江苏，上海，重庆	35.46	4	0	1

资料来源：基于 DRCMRIO 数据库区际贸易数据，笔者自绘。

为了更加细致和准确地研究区际贸易集中度，本章将借助赫芬达尔—赫希曼指数来对中国国内区际贸易集中于某产业的程度以及集中于某省份的程度进行分析。利用式（3-3）分别计算中国区际贸易 5 个年份的产业集中度和区域集中度，结果如图 3-6 和图 3-7 所示。

一方面，中国区际贸易的产业集中度始终较低，且呈下降趋势。从图 3-6 可见，1997~2017 年，区际贸易产业集中度的 HHI 值始终保持在 0.1

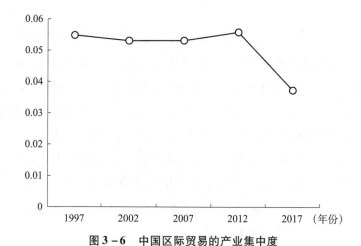

图 3 - 6　中国区际贸易的产业集中度

资料来源：基于 DRCMRIO 数据库区际贸易数据，笔者自绘。

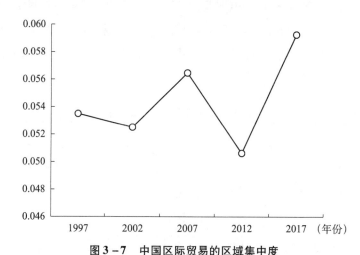

图 3 - 7　中国区际贸易的区域集中度

资料来源：基于 DRCMRIO 数据库区际贸易数据，笔者自绘。

以内。分时段来看，1997～2012 年区际贸易产业集中度的 HHI 值呈 "U" 型变化，先缓慢下降至 0.053 然后平稳上升至 0.056，但始终在 0.05 上下徘徊，较为稳定。2012 年出现转折，HHI 值从 0.056 急速下降至 0.037。可见，1997～2017 年，中国区际贸易产业集中度始终较低，即参与区际贸易的产业门类较多，且产业门类数量呈快速上升趋势。这可能源于 1992 年邓小平南方谈话以及中共十四大建立社会主义市场经济体制的提出，促进了我国市场经济的发展和国内市场的自由开放，从而推动了各种产品在国内各区域之间的贸易，也与产品创新加速和消费者需求多样化有关，因此，区际贸易不再是依赖于少数产业，而是门类多样、产品繁多的"百花齐放"贸易。

另一方面，中国区际贸易的区域集中度较低，且呈"W"型变化趋势。1992 年邓小平南方谈话以及中共十四大建立社会主义市场经济体制的提出，促进了我国市场经济的发展和国内市场的自由开放，从而推动了各区域参与国内区际贸易，因此，1997 年之后区域集中度呈下降趋势。2001 年我国正式加入 WTO 之后，东部沿海地区作为我国出口主阵地，出口带动型区际贸易使得东部成为区际贸易的主要流出地和流入地区，区域集中度加强。而 2008 年金融危机之后，全球国际贸易下滑，在一定程度上促进了国内各地区间的贸易，抑制了东部出口带动型区际贸易，因此区域集中度呈下降趋势。但是金融危机未改变我国出口格局，区际贸易的区域集中度在经历一段下降历程之后又恢复上升趋势。整体而言，1997～2017 年区际贸易的区域集中度 HHI 值呈"W"型变化趋势（见图 3 - 7），且在 0.05 上下徘徊，说明我国区际贸易的区域集中度较低，区际贸易呈"百家争鸣"之势。

五、区际贸易产业结构

将区际贸易中排名前六的产业情况与区际贸易的三次产业结构来分析区际贸易产业结构。

一方面，从各产业区际贸易量在总贸易量中的占比排名来看，前六的产业体现出如下特征：初级产品贸易以及深加工产品贸易占比下降，服务贸易占比上升。如图 3 - 8 所示，作为初级产品部门，农林牧渔业区际贸易占比在1997 年位居第一，但此后逐年下降，到 2012 年退出前六的行列，至此，排名前六的部门中已不包含初级产品部门。2012 年，排名前六的部门为建筑业、金属冶炼及压延加工业、化学工业、交通运输设备制造业、通用专用设备制造业和食品制造及烟草加工业，大都属于深加工产品部门。而 2017 年排名前六的部门为化学工业、建筑业、交通运输设备、食品制造及烟草加工业、批发和零售业、金属冶炼及压延加工业。

另一方面，从 1997～2017 年全国及东部、中部、西部和东北地区区际贸易的三次产业结构来看（见图 3 - 9），它呈现出以下两个特征。

第一，从整体来看，全国区际贸易中三次产业所占比重的结构由"二一

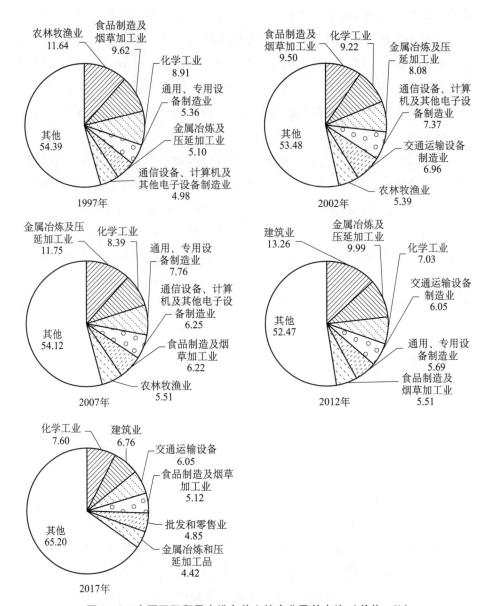

图3-8　中国区际贸易中排名前六的产业及其占比（单位：%）

注：图中的占比表示各产业区际贸易额在中国区际贸易额中的占比。

资料来源：基于DRCMRIO数据库区际贸易数据，笔者自绘。

三"变为"二三一"结构。第一产业区际贸易在区际贸易总额中的占比明显下降，由1997年的11.6%显著下降至2017年的2.5%；第三产业区际贸易在区际贸易总额中的占比显著提升，由1997年的8.3%迅速上升至2017年的26.2%。

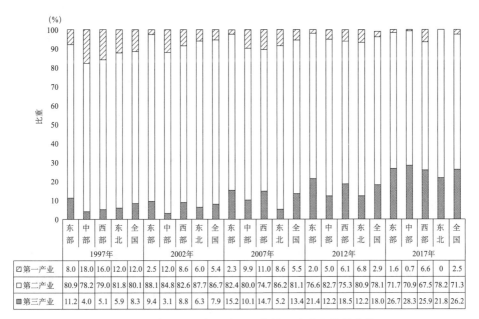

	东部	中部	西部	东北	全国	东部	中部	西部	东北	全国	东部	中部	西部	东北	全国	东部	中部	西部	东北	全国	东部	中部	西部	东北	全国
			1997年					2002年					2007年					2012年					2017年		
第一产业	8.0	18.0	16.0	12.0	12.0	2.5	12.0	8.6	6.0	5.4	2.3	9.9	11.0	8.6	5.5	2.0	5.0	6.1	6.8	2.9	1.6	0.7	6.6	0	2.5
第二产业	80.9	78.2	79.0	81.8	80.1	88.1	84.8	82.6	87.7	86.7	82.4	80.0	74.7	86.2	81.1	76.6	82.7	75.3	80.9	78.1	71.7	70.9	67.5	78.2	71.3
第三产业	11.2	4.0	5.1	5.9	8.3	9.4	3.1	8.8	6.3	7.9	15.2	10.1	14.7	5.2	13.4	21.4	12.2	18.5	12.2	18.0	26.7	28.3	25.9	21.8	26.2

图 3-9 全国及四大区域区际贸易三次产业结构变化

资料来源：基于 DRCMRIO 数据库区际贸易数据，笔者自绘。

第二，分区域来看，东部地区产业结构始终保持"二三一"结构，中部、西部和东北地区由"二一三"结构变为"二三一"结构。东部地区第一产业区际贸易在区际贸易总额中的占比始终最小且不断下降，1997～2002 年下降幅度最大，从 8% 快速下降至 2.5%；第二产业区际贸易在区际贸易总额中的占比始终最大但也呈现缓慢下降的趋势；第三产业区际贸易在区际贸易总额中的占比从 1997 年的 11.2% 不断上升至 2017 年的 26.7%。中部地区第一产业区际贸易在区际贸易总额中的占比从 1997 年的 17.9% 急速下降至 2017 年的 0.7%；第二产业区际贸易在区际贸易总额中的占比在 80% 上下徘徊，波动下降；第三产业区际贸易在区际贸易总额中的占比从 1997 年的 4% 激增至 2017 年的 28.3%，成为第三产业区际贸易在区际贸易总额中占比最多的区域。西部地区第一产业区际贸易在区际贸易总额中的占比从 1997 年的 16% 波动下降至 2017 年的 6.6%；第二产业区际贸易在区际贸易总额中的占比在 1997～2002 年呈现上升趋势从 79% 上升至 83% 但随后急速下降至 2017 年的 67.5%；第三产业区际贸易在区际贸易总额中的占比从 1997 年的 5.1% 一路攀升至 2017 年的 25.9%。东北地区第二产业区际贸易在区际贸易总额中的占比在 1997~2002 年呈上升趋势，从 81.8% 上升至 88%，2002~2017 年呈下降趋势，从 88% 下降至 78.2%；第三产业区际贸易在区际贸易总额中的占比从 1997 年的 5.9% 快速上升至 2017 年的 21.8%。可见，对于四个地区而言，第一产业在区际贸易总额中的占比都在不断下降，第三产业的占比在不断上升，第二产业的占比虽然始终最大但也呈现缓慢下降的趋势。

第三节　本章小结

获取区际贸易数据是开启区际贸易这个"黑箱"的必要步骤。本章在梳理区际贸易数据获取途径并进行对比之后，甄选国务院发展研究中心李善同研究员领头编制的区际投入产出表数据库作为区际贸易数据获取途径。然后利用该数据从贸易总额、贸易依存度、贸易差额、贸易集中度和产业结构五个方面来鸟瞰中国区际贸易格局，得出中国区际贸易呈现如下特征：一是我国区际贸易总额整体呈上升趋势，且上升速度不断提高，东部区际贸易总额占全国的比重始终最大；二是我国区际贸易依存度整体呈现下降趋势，说明区际贸易对国内经济发展的拉动作用在下降，换言之，区际贸易对国内经济发展拉动作用有待进一步挖掘；三是虽然我国区际贸易的产业集中度与区域集中度较低，呈现出"百花齐放，百家争鸣"的贸易格局，但是区际贸易存在区域失衡现象，贸易顺差省份大多集中在东部，贸易逆差省份大多集中在西部，近似贸易平衡省份集中在中西部，且各省份的区际贸易差额的差异在逐步扩大；四是初级产品贸易以及深加工产品贸易占比下降，服务贸易占比上升；五是全国、中部、西部及东北地区产业结构从"二一三"转变为"二三一"结构，东部地区则始终保持为"二三一"结构，第二产业贸易在我国整体及四大区域的区际贸易中始终占主导，而服务业贸易的占比在持续增长。

第二篇 区际产业间贸易与产业内贸易

| 第四章 |

中国区际贸易模式演进的典型化事实

第三章已经对区际贸易数据进行了估算，从而为研究扫除了一大障碍，打开了区际贸易这个"黑箱"之门，并开启了区际贸易模式演进的研究之路。本章旨在基于区际贸易数据和相关指数测度区际贸易模式，来探究中国区际贸易模式演进的特征和趋势，即典型化事实。为此，首先对区际贸易模式的测度方法进行梳理；其次从中选取最具适用性和可操作性的方法对中国区际贸易模式进行测度；再次，在测度结果的基础上，分别对单个产业和区域整体的区际贸易模式进行分析，前者选取农业、纺织业和通信设备、电子计算机制造业为例洞察单个产业的区际贸易模式演进特征和趋势，后者分别利用两类整体 G－L 指数对区域整体的区际贸易模式演进特征和趋势进行剖析；最后是本章小结。

第一节　区际贸易模式测度指数

在众多有关贸易模式演进研究的文献中，研究基石是贸易模式测度方法。总的来说，测度方法包括两大类：静态测度方法和动态测度方法。

一、区际贸易模式静态测度指数

贸易模式的静态测度方法主要包括：Balassa 指数、G－L 指数、Aquino 指数和 Bergstrand 指数。

（一）Balassa 指数

二战后，国内外学者陆续提出了多种测度国际贸易模式的指数。其中最早的是巴拉萨（Balassa，1966）提出了的静态测度指数——"Balassa 指数"，它是用某一产业净出口的绝对值除以该产业贸易总量而得，计算公式如下：

$$B_i = |X_i - M_i| / (X_i + M_i) \qquad (4-1)$$

其中，B_i 是产业 i 的 Balassa 指数，X_i 和 M_i 分别为产业 i 的出口量和进口量。Balassa 指数的取值范围为 $[0,1]$，它越接近于 1，产业间贸易程度越高，当它等于 1 时，则 i 产业全部进口或者全部出口，即完全的产业间贸易；越接近于 0，产业内贸易程度越高，当它等于 0 时，表明 i 产业的出口量和进口量相同，即完全的产业内贸易。两国贸易模式的测度指数（B^{RS}）则是各产业 Balassa 指数的平均数，B^{RS} 越接近于 1，两国贸易模式就越接近于产业间贸易，反之则越趋于产业内贸易，其计算公式为：

$$B^{RS} = \frac{1}{n} \sum_{i=1}^{n} \frac{|X_i - M_i|}{(X_i + M_i)} \tag{4-2}$$

Balassa 指数不失为一个简洁明了的贸易模式测度指数，但它有其固有的缺点，即数值大小狭隘地被进出口绝对量之差所决定，且忽略了贸易失衡和产业权重的影响，造成了两国间产业内贸易的实际水平的低估（刘威、金山，2014）。

（二）G-L指数

针对 Balassa 指数的不足，同时也在 Balassa 指数的基础上，格鲁贝尔和劳埃德（Grubel and Lloyd，1975）提出了著名的 G-L 指数，其计算公式为：

$$GL_i = [(X_i + M_i) - |X_i - M_i|] / (X_i + M_i) \tag{4-3}$$

其中，GL_i 即为产业 i 的 G-L 指数，X_i 和 M_i 分别为出口量和进口量。与 Balassa 指数相同，GL_i 的取值范围也为 $[0,1]$，但不同的是，GL_i 越接近于 1，产业内贸易程度越高，当它等于 1 时，i 产业的出口量和进口量相同，即完全的产业内贸易；而越接近于 0，则产业间贸易程度越高，当它等于 0 时，i 产业全部进口或者全部出口，即完全的产业间贸易。也就是说，Balassa 指数和 G-L 指数的经济含义相反。如果要计算一国整体的产业内贸易水平，则需以各产业进出口值占该国总进出口值的比重为权重，对所有产业的 G-L 指数进行加权平均。一般而言，以 0.5 为临界值，两国间 G-L 指数若小于 0.5，则它们之间的贸易模式以产业间贸易为主，反之，以产业内贸易为主。

无疑，G-L 指数的提出引起了学者们的极大兴趣，它也逐渐成为度量贸易模式的主要工具。但是，G-L 指数也有不足之处，当一国贸易不平衡程度较大时，它的值就会偏离实际而降低，产生统计误差。为了消除贸易不平衡的影响，格鲁贝尔和劳埃德提出了调整后的 G-L 指数，但在对具体行业的贸易模式测度上依然存在不足（黄蓉，2009）。

（三）Aquino 指数和 Bergstrand 指数

继格鲁贝尔和劳埃德之后，为了对标准 G－L 指数进行调整，阿奎诺（Aquino，1978）提出了 Aquino 指数、伯格斯特兰（Bergstrand，1983）提出了 Bergstrand 指数。阿奎诺是从各具体产业出发对 G－L 指数进行的调整，因为他认为总体贸易失衡实际源自于各个具体产业。伯格斯特兰则是对造成贸易失衡的双边贸易流进行的调整，因为他认为一国产业内贸易水平反映的是与贸易伙伴双边贸易的情况。阿奎诺和伯格斯特兰修正了贸易失衡的影响，使 G－L 指数得到了部分改进。但 Aquino 指数和 Bergstrand 指数也存在问题，例如，为方便使用，它们隐含地假设贸易失衡等比例地分布于各个产业，而实际并非如此，这就造成了新的测度误差。格里纳韦和米尔纳（Greenaway and Milner，1983）指出，G－L 指数的调整方法存在自身缺陷，其调整思路也存在问题，而且即使确实存在贸易失衡，也并不一定总是低估产业内贸易水平，他们认为并不一定要对 G－L 指数进行调整。总的来说，G－L 指数具有较好的可操作性和普遍适用性（黄卫平、韩燕，2006）。

二、区际贸易模式动态测度指数

静态测度方法能够测量一定时期内两国间的贸易模式，却无法反映动态贸易流量变化引起的贸易模式变化，也不能反映各国产业结构及贸易的动态调整过程。虽然可以对不同时期的 G－L 指数进行比较（G－L 比较法），揭示出一些有关每个时期贸易结构的信息，反映贸易模式动态变化，但是不能得出有关贸易流变化结构的任何结论。因此，出现了边际产业内贸易指数（the index of marginal intra-industry trade，MIIT）这种贸易模式的动态测度方法，主要包括：H－K 指数、GHME 指数和 B－L 指数。

（一）H－K 指数

为了衡量一国在特定时期产业内贸易增加值在其贸易增加值中的份额，汉密尔顿和克尼斯特（Hamilton and Kniest，1991）首次提出了边际产业内贸易的概念，并给出了 H－K 指数来度量新贸易额中产业内贸易份额，从而为贸易模式动态测度指数奠定了理论基础。H－K 指数的计算公式如下：

$$MIIT_{HK} = \begin{cases} \dfrac{X_t - X_{t-n}}{M_t - M_{t-n}} & \text{for } M_t - M_{t-n} > X_t - X_{t-n} > 0 \\[3mm] \dfrac{M_t - M_{t-n}}{X_t - X_{t-n}} & \text{for } X_t - X_{t-n} > M_t - M_{t-n} > 0 \\[3mm] undifined & \text{for } X_t < X_{t-n} \text{ or } M_t < M_{t-n} \end{cases} \quad (4-4)$$

其中，$MIIT_{HK}$ 是 H – K 指数值，X_t 和 X_{t-n} 是 t 期和 $t-n$ 期的出口量，M_t 和 M_{t-n} 是 t 期和 $t-n$ 期的进口量，n 是间于 t 和 $t-n$ 之间的期数。H – K 指数回答了新贸易量中产业内贸易的变化份额是多少的问题，和 G – L 指数一样，当新贸易量完全是产业内贸易时，H – K 指数等于1，当它完全是产业间贸易时，H – K 指数等于0。该指数通过度量贸易模式结构变化而避免了比较法的缺点，但是它也有不足之处，即当进口或出口下降时，H – K 指数是不明确的，这会导致相当数量的统计观察样本的非随机遗漏，并因此使结果偏离实际（Greenaway et al.，1994）。虽然汉密尔顿和克尼斯特对此进行了解释，但 H – K 指数依然摆脱不了不明确的困境。

（二）GHME 指数

针对 HK 指数的不足，格里纳韦等（Greenaway et al.，1994）提供了另一种动态测度法，即 GHME 指数。它的具体公式如下：

$$MIIT_{GHME} = \left[(X + M) - | X - M | \right]_t - \left[(X + M) - | X - M | \right]_{t-1}$$

$$(4-5)$$

或者：

$$MIIT_{GHME} = \Delta \left[(X + M) - | X - M | \right] \quad (4-6)$$

其中，$MIIT_{GHME}$ 是 GHME 指数值，X 和 M 分别为出口量和进口量，t 和 $t-1$ 为时期。GHME 指数和 G – L 比较法很像，都是度量跨度1个时期的产业内贸易水平变化，不同的是，前者是衡量绝对值的变化，后者以及 H – K 指数度量的是比率变化。GHME 指数解决了 H – K 指数的不明确问题，但却具有 G – L 比较法在贸易模式结构变化评估上缺陷，汉密尔顿和克尼斯特对 G – L 比较法的批判同样也适用于 GHME 指数，例如，当某国在出口保持不变的情形下由贸易顺差变为贸易平衡时，即使这明显是产业间贸易调整的情形，但 GHME 指数却是一个两倍于进口增长的正值，因此测度结果与实际不符。此外，GHME 方法也不能反映国家或产业部门的贸易绩效。

（三）B-L 指数

GHME 指数之后，布吕尔哈特（Brülhart，1994）也针对 HK 指数的不足，简单地将 G-L 指数进行变形，以增量替代总量，提出了另一个动态测度指数，即 B-L 指数，它主要包括 A 指数和 B 指数。

A 指数的计算公式为：

$$A_i = 1 - \frac{(X_t - X_{t-1}) - (M_t - M_{t-1})}{|X_t - X_{t-1}| + |M_t - M_{t-1}|} \qquad (4-7)$$

也可以写成：

$$A_i = 1 - \frac{|\Delta X - \Delta M|}{|\Delta X| + |\Delta M|} \qquad (4-8)$$

其中，A_i 是产业 i 的 A 指数值，其取值范围为 [0，1]，当它等于 0 时，说明这个产业的边际贸易完全是产业间贸易，当它等于 1 时，则完全是产业内贸易。值得注意的是，A 指数是可以按照一定权重加总的，从而得到所有产业 A 指数的加权平均数（A_{tot}），公式如下：

$$A_{tot} = \sum_{i=1}^{n} w_i A_i，其中，w_i = \frac{|\Delta X|_i + |\Delta M|_i}{\sum_{i=1}^{n} (|\Delta X|_i + |\Delta M|_i)} \qquad (4-9)$$

A 指数的主要吸引力在于它揭示了进出口流量结构的改变，就像 H-K 指数一样。但和 H-K 指数不同的是，A 指数在任何情况下都是确定的，并且拥有 G-L 指数所有常见的统计性质（Greenaway and Milner，1986）。通过测度贸易流结构的改变，A 指数评估了经济调整的核心问题。当一国特定产业的出口和进口以相似的速度增加或减少时，A 指数值较高，则贸易模式倾向于产业内贸易；而当一国出口和进口变化呈反向变化时，A 指数值较低，则贸易模式倾向于产业间贸易。

A 指数适合于多边或一国整体经济的研究，而对一国国内研究的适用性有限，因为它不包含任何国家之间或产业之间的贸易利得和损失的分配信息。因此，有了 B 指数，其公式如下：

$$B = \frac{\Delta X - \Delta M}{|\Delta X| + |\Delta M|}，其中，|B| = 1 - A \qquad (4-10)$$

B 即为 B 指数的值，ΔX 和 ΔM 分别为出口和进口增量。B 指数的取值范围为 [-1，1]，B 指数越接近 0，边际产业内贸易水平就越高，B 指数等于 0 表示某产业边际贸易完全是产业内贸易；然而，B 指数越靠近 -1 或 1 时，边际产业间贸易水平就越高，B 指数等于 -1 或 1 表示某产业边际贸易完全是产业间贸易。B 指数和 A 指数具有密切的关系，即 B 指数的绝对值等于 1 减去 A 指数的值（见式（4-10））。但它也与 A 指数存在很大不同，即它提供了 MIIT 的比例信息和具体产业的绩效信息。它把产业绩效定义为进出口变化的相互关系，即出口代表某产业国内业绩良好，而进口表示某产业国内业绩不佳，因此，B 指数直接和产业绩效相关。另外，和 A 指数的不同还在于，对各产业的 B 指数进行加总是没有意义的，因为当两个产业的 B 指数一个接近于 -1，一个接近于 1 时，即便两个产业都具有高边际产业间贸易，但两个产业的加权平均结果却接近于 0。故而，B 指数只适用于度量各行各业的边际贸易和绩效。

除了以上各种指数以外，还有 F-F 静态测度指数和 T-M 动态测度指数。前者由阿卜杜勒拉赫曼（Abdelrahman，1991）提出，丰塔尼和弗洛伊登伯格等（Fontagne and Freudenberg et al.，1997）加以完善，后者由汤姆和麦克道尔（Thom and McDowell，1999）提出，它们的共同之处在于都对产业内贸易进行了分解，分为水平产业内贸易和垂直产业内贸易。由于本书不对产业内贸易进行分解，故不再赘述。

第二节　区际贸易模式的测度指数选择

以上各种指数各有优劣，而其中最有名、最具科学性与权威性且最广泛使用还是 G-L 指数（Hamilton and Kniest，1991；柳剑平、张兴泉，2011；杜运苏、彭恒文，2008）。诚如格里纳韦和米尔纳（Greenaway and Milner，1983）所言，并不一定要对 G-L 指数进行调整；也如黄卫平和韩燕（2006）所信奉的那样，G-L 指数具有较好的可操作性和普遍适用性。同时，虽然对以上各种测度方法进行阐述时都采用的是国际贸易术语，比如进口和出口，但这不意味着它们只适合国际贸易，实际上也适用于区际贸易。因此，本研究选择 G-L 指数对区际贸易模式进行测度。

从 G-L 指数来看，贸易模式测度的关键在于进口额和出口额，也就是区际贸易的流入额和流出额，而它们便是第三章区际贸易数据估算的结果，因此，本节的区际贸易模式测度便如探囊取物。如第三章所言，本研究的观察年份为 1987 年、1992 年、1997 年、2002 年、2007 年、2012 年和 2017 年，产业分类为 33 个部门，区域选择为 28 个省份。本节就旨在将 28 个省份作为独立的区域单位，来测度观察年份中它们的贸易模式。

诚如本章第一节所言，G–L 指数分为单个产业的 G–L 指数和一国（或区域）整体的 G–L 指数。依据式（4–3），区际贸易中单个产业的 G–L 指数计算公式具体为式（4–11），而要计算区域整体的产业间贸易水平或产业内贸易水平①，则需以各产业流入流出总额占该区域所有产业的总流入流出额的比重为权重，对所有产业的 G–L 指数进行加权平均。因此，各区域整体的区际贸易模式测度公式、区际产业内贸易水平计算公式或产业间贸易水平计算如式（4–12）所示。

$$GL_{it}^{ab} = \frac{(X_{it}^{ab} + M_{it}^{ab}) - | X_{it}^{ab} - M_{it}^{ab} |}{X_{it}^{ab} + M_{it}^{ab}} \qquad (4-11)$$

$$GL_t^{ab} = \sum_{i=1}^{n} GL_{it}^{ab} \left[\frac{X_{it}^{ab} + M_{it}^{ab}}{\sum_{i=1}^{n} (X_{it}^{ab} + M_{it}^{ab})} \right] = 1 - \frac{\sum_{i=1}^{n} | X_{it}^{ab} - M_{it}^{ab} |}{\sum_{i=1}^{n} (X_{it}^{ab} + M_{it}^{ab})} \qquad (4-12)$$

其中，GL_{it}^{ab} 和 GL_t^{ab} 分别为单个产业和区域整体的 G–L 指数值，即为 t 期 a 区 i 产业对 b 区的区际产业内贸易水平（或产业间贸易水平）以及 a 区对 b 区的整体区际产业内贸易水平（或产业间贸易水平）；X_{it}^{ab}、M_{it}^{ab} 分别表示 t 期 a 区 i 产业对 b 区的流出额和 a 区 i 产业向 b 区的流入额。一般而言，单个产业 G–L 指数和各区域整体 G–L 指数都是以 0.5 为临界值，若两区间 G–L 指数小于 0.5，则它们之间的贸易模式以产业间贸易为主，反之，以产业内贸易为主，具体的判定标准如表 4–1 所示。

表 4–1　　　　　　　　　　G–L 指数判定标准

G–L 指数	[0, 0.25)	[0.25, 0.5)	[0.5, 0.75)	[0.75, 1)
产业间贸易水平	高	较高	较低	低
产业内贸易水平	低	较低	较高	高
贸易模式	以产业间贸易为主		以产业内贸易为主	

资料来源：笔者根据"刘威，金山. 中美高技术产业贸易模式的测度研究 [J]. 武汉大学学报（哲学社会科学版），2014（6）"等相关资料整理而得。

---

① 由于贸易模式只由产业间贸易和产业内贸易二者组成，因此，测度产业内贸易水平也即是从反面测度产业间贸易水平，反之亦然。

第三节 产业层面区际贸易模式的测度结果分析

利用式（4-11），计算出各区域各产业的 G-L 指数，即对单个产业区际贸易模式进行测度，由此主要为区域整体 G-L 指数的测度奠定基础，同时透过计算结果来窥探单个产业区际贸易模式的演进特征和趋势。鉴于本研究共选择了 33 个二分位数产业和 28 个区域，若要对每个产业在每个区域的发展态势进行分析，则将是涉及 24 948(27 × 28 × 33) 组结果（见表4-2）的一个巨大的工程。因此，选取第一产业的农业、第二产业的纺织业和通信设备、电子计算机制造业作为分析产业，进而筛选出这些产业中区际贸易活跃的区域作为分析区域。

表4-2　　　　　　　　a 区域 i 产业区际贸易模式测度结果矩阵

年份	北京	天津	河北	山西	……	新疆
1987	……	……	……	……	……	……
1992	……	……	……	……	……	……
1997	……	……	GL_{it}^{ab}	……	……	……
2002	……	……	……	……	……	……
2007	……	……	……	……	……	……
2012	……	……	……	……	……	……
2017	……	……	……	……	……	……

一、农业

中国作为农业大国，有着诸如河南、山东、河北、四川、黑龙江和江西之类的多个农业大省。从区际贸易数据库中可以看出，其中的河南、山东、黑龙江又有着相对活跃的农业区际贸易，各自与其他 27 个省份都有贸易往来。因此，在分析农业区际贸易模式的演变特征和趋势时，选取河南、山东、黑龙江作为分析区域，具有一定的代表性。

从图4-1可见，河南的农业区际贸易模式演变特征和趋势如下：它与河北、辽宁、江苏、山东、四川之间的农业区际贸易模式经历了一条由以产业间贸易为主演变为以产业内贸易为主的路径；与北京、广西和湖北之间却是由以产业内贸易为主演变为以产业间贸易为主；与黑龙江、上海、安徽、广东、贵州、云南、甘肃、青海之间保持了以产业内贸易为主的贸易模式特征；此外，和其余 11 个区域间保持了以产业间贸易为主的贸易模式，且产业间贸易水平在升高。

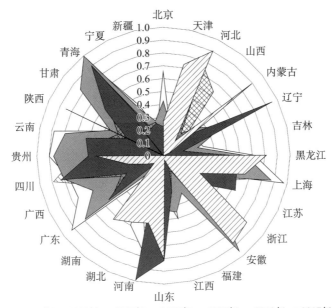

图 4 - 1　河南农业区际贸易模式演变雷达

注：图中数值为单个产业的 G - L 指数值。

资料来源：笔者基于 DRCMRIO 数据库数据计算所得。

从图 4 - 2 可知，山东的农业区际贸易模式具有如下演变特征和趋势：一方面，它与山西、广西、贵州、云南、甘肃、青海和新疆间的农业贸易模式由以产业间贸易为主演变为以产业内贸易为主。另一方面，和其余区域间的 G - L 指数值都在缩小，其中，与北京、天津、上海、江苏、安徽、江西、湖北、湖南间的农业贸易模式由以产业内贸易为主演变为以产业间贸易为主；与河北、内蒙古、宁夏间则保持了以产业内贸易为主，但产业内贸易水平都下降了；此外，和其他 9 个区域间的贸易模式保持了以产业间贸易为主的特征，且产业间贸易水平除四川下降以外都提升了。

从图 4 - 3 可得，黑龙江的农业区际贸易模式具有如下演变特征和趋势：

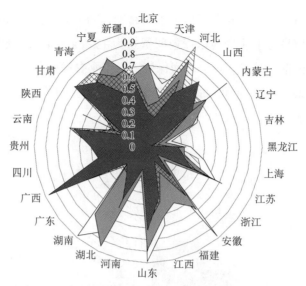

□1987年 ▨1992年 ■1997年 ▨2002年 ▧2007年 ▦2012年 ■2017年

图4-2 山东农业区际贸易模式演变雷达

注：图中数值为单个产业的 G-L 指数值。

资料来源：笔者基于 DRCMRIO 数据库数据计算所得。

它和吉林的农业贸易模式由以产业间贸易为主转变为产业内贸易为主；和北京、湖北、安徽、山东的贸易模式由以产业内贸易为主演变为以产业间贸易为主；与天津、河北、内蒙古、上海、江苏、浙江、江西、河南、四川和云南保持了以产业内贸易为主的特征，但产业内贸易水平跌宕起伏；与山西、福建、湖南、广东、贵州、陕西、甘肃、青海、宁夏、新疆保持以产业间贸易为主，但产业间贸易水平跌宕起伏。

综上所述，对于农业区际贸易模式而言，以产业间贸易为主的特征比较明显，但也存在以产业内贸易为主的情况，而且有的区域间贸易模式还由以产业间贸易为主演变为以产业内贸易为主，当然也有从产业内贸易为主演变为以产业间贸易为主的情况。总之，我国农业区际贸易模式的发展没有一条统一的路径或趋势，同时产业间贸易是主导的贸易模式。

二、制造业

选取传统制造业中的纺织业，高新制造业中的通信设备、电子计算机制造业来进行分析。

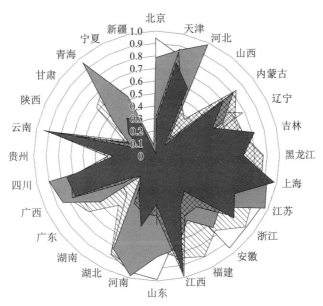

□1987年 ⊠1992年 ■1997年 ▨2002年 ▨2007年 ▨2012年 ■2017年

图4-3 黑龙江农业区际贸易模式演变雷达

注：图中数值为单个产业的 G-L 指数值。

资料来源：笔者基于 DRCMRIO 数据库数据计算所得。

（一）纺织业

作为传统制造业，中国的纺织业历史悠久，驰名中外。我国不仅是世界上纺织业生产规模最大的国家，也是最大的纺织品出口国。在 28 个区域中，浙江、江苏、广东等集中了大部分的纺织品产能，因此选择这三个区域进行分析。

从图4-4可见，浙江的纺织业区际贸易模式演变特征和趋势如下：它和北京、天津、河北、黑龙江、福建、云南之间的纺织业贸易模式由以产业间贸易为主演变为以产业内贸易为主；与贵州、甘肃、陕西之间却是由产业内贸易为主演变为以产业间贸易为主；与山西、内蒙古、辽宁、吉林、江西、湖北、湖南、广东、广西、宁夏、新疆之间保持了以产业内贸易为主的贸易模式特征，但是产业内贸易水平在降低；和上海、江苏、安徽、山东、河南、四川、青海间保持了以产业间贸易为主的贸易模式。

从图4-5可知，江苏的纺织业区际贸易模式具有如下演变特征和趋势：它和安徽、福建、贵州之间的纺织业贸易模式由以产业间贸易为主演变为以

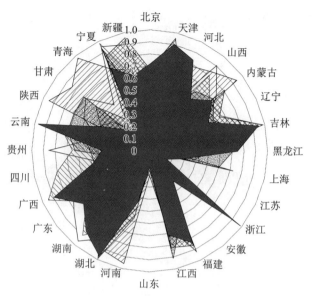

□1987年 ▨1992年 ▧1997年 ▨2002年 ▧2007年 ▨2012年 ■2017年

图4-4 浙江纺织业区际贸易模式演变雷达

注：图中数值为单个产业的G-L指数值。

资料来源：笔者基于DRCMRIO数据库数据计算所得。

产业内贸易为主；与辽宁、黑龙江、浙江、湖北、云南、陕西之间却是由产业内贸易为主演变为以产业间贸易为主；与北京、天津、山西、吉林、上海、河南、湖南、宁夏之间保持了以产业内贸易为主的贸易模式特征，但是产业内贸易水平在降低；和河北、内蒙古、江西、山东、广东、四川、甘肃、青海间保持了以产业间贸易为主的贸易模式。

从图4-6可得，广东的纺织业区际贸易模式演变特征和趋势如下：它和黑龙江、安徽之间的纺织业贸易模式由以产业间贸易为主演变为以产业内贸易为主；与福建、贵州、甘肃之间却是由产业内贸易为主演变为以产业间贸易为主；与天津、河北、山西、内蒙古、上海、浙江、江西、山东、湖南、广西、四川、云南、陕西、宁夏、新疆之间保持了以产业内贸易为主的贸易模式特征；和北京、辽宁、吉林、江苏、河南、湖北间保持了以产业间贸易为主的贸易模式。

总之，纺织业的区际贸易模式变化较小，大致比较固定地以产业内贸易为主或以产业间贸易为主。

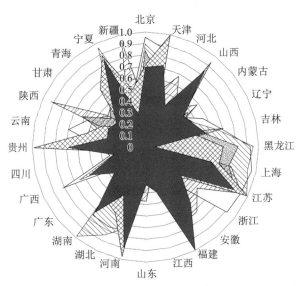

□1987年 ▨1992年 ▩1997年 ▧2002年 ▨2007年 ▨2012年 ■2017年

图 4 - 5　江苏纺织业区际贸易模式雷达

注：图中数值为单个产业的 G - L 指数值。

资料来源：笔者基于 DRCMRIO 数据库数据计算所得。

（二）通信设备、电子计算机制造业

20 世纪 90 年代以来，尤其是进入 21 世纪之后，我国的通信设备、电子计算机制造业在国民经济中发挥着支柱产业或先导产业的重要作用。各区域纷纷加大了对该制造业的投入，助推其蓬勃发展。但由于要素禀赋、经济环境、历史渊源等的不同，各区域通信设备、电子计算机制造业存在明显的竞争力差异，其中，排头兵或者最具竞争优势的当数广东、江苏和上海。

从图 4 - 7 可知，广东的通信设备、电子计算机制造业区际贸易模式具有如下演变特征和趋势：除了与天津、云南、青海、宁夏、新疆的贸易模式由以产业内贸易为主转变为产业间贸易为主之外，和其他区域的贸易要么保持了以产业内贸易为主，要么由以产业间贸易为主演变为以产业内贸易为主，总之，广东的通信设备、电子计算机制造业的区际产业内贸易水平在提升且始终占据着主导地位。

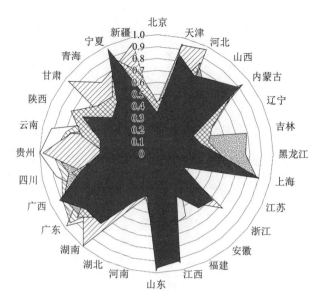

□1987年 ▨1992年 ▦1997年 ▨2002年 ▨2007年 ▨2012年 ■2017年

图4-6　广东纺织业区际贸易模式雷达

注：图中数值为单个产业的 G-L 指数值。

资料来源：笔者基于 DRCMRIO 数据库数据计算所得。

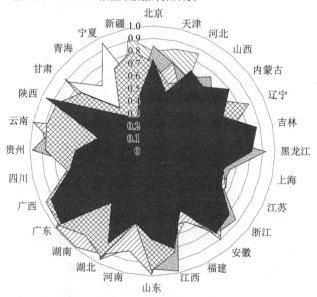

□1987年 ▨1992年 ▦1997年 ▨2002年 ▨2007年 ▨2012年 ■2017年

图4-7　广东通信设备、电子计算机制造业区际贸易模式演变雷达

注：图中数值为单个产业的 G-L 指数值。

资料来源：笔者基于 DRCMRIO 数据库数据计算所得。

从图4-8可知，江苏的通信设备、电子计算机制造业区际贸易模式具有如下演变特征和趋势：它与内蒙古、浙江、山东、云南、贵州、宁夏和新疆间的贸易模式由以产业内贸易为主演变为以产业间贸易为主；与多个区域的区际贸易的G-L指数值存在围绕0.5大幅波动的特征，也即时而以产业间贸易为主，时而以产业内贸易为主，反复无常，这些区域是北京、湖北、湖南、吉林、江西、四川、贵州、甘肃、青海和宁夏；与天津、山西、辽宁、上海、安徽、福建、河南、广东、广西的贸易模式在小幅波动中保持着产业内贸易为主的态势。总之，江苏和多个区域的通信设备、电子计算机制造业区际贸易模式呈现出波动无常的主要特征，但整体上还是产业内贸易模式占主导。

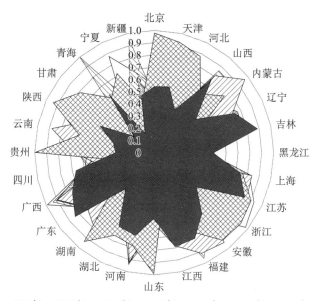

□1987年 ▨1992年 ▥1997年 ▧2002年 ▨2007年 ▨2012年 ■2017年

图4-8 江苏通信设备、电子计算机制造业区际贸易模式演变雷达

注：图中数值为单个产业的G-L指数值。

资料来源：笔者基于DRCMRIO数据库数据计算所得。

从图4-9可得，上海的通信设备、电子计算机制造业区际贸易模式具有如下演变特征和趋势：它与天津、吉林、辽宁、黑龙江、四川、陕西的贸易模式一直保持着以产业间贸易模式为主；与内蒙古、广西的贸易模式由以产业间贸易为主转变为以产业内贸易为主；而和其他区域间的贸易模式则在波动中最终维持了以产业内贸易为主的特征。

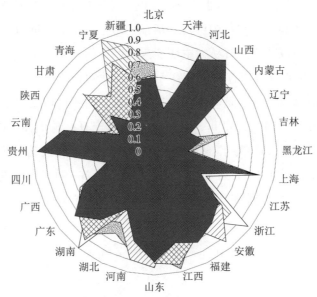

□1987年 ▨1992年 ▧1997年 ▨2002年 ▨2007年 ▨2012年 ■2017年

图 4 - 9 上海通信设备、电子计算机制造业区际贸易模式演变雷达

注：图中数值为单个产业的 G - L 指数值。

资料来源：笔者基于 DRCMRIO 数据库数据计算所得。

总之，通信设备、电子计算机制造业的区际贸易模式显著地以产业内贸易模式为主，而从其发展趋势来看，产业内贸易模式将继续占主导。

综上所述，农业区际贸易以产业间贸易模式为主的特征明显，制造业以产业内贸易模式为主的特征明显，而这种区际贸易模式特征的差异主要源于产品差异，制造业的产品差异明显大于农业。从发展趋势来看，无论是农业，还是制造业，各区域的区际贸易模式都没有遵循一条统一的发展路径，有的是保持以产业内贸易为主，有的是保持以产业间贸易为主，有的是以产业间贸易为主演变为以产业内贸易为主，还有的是以产业内贸易为主演变为以产业间贸易为主。

第四节　区域整体层面区际贸易模式的测度结果分析

值得注意的是，式（4 - 12）中，依据 b 区域的范围大小，可以将整体 G - L 指数分为两类：一类是在把 b 区域当作除 a 以外的 27 个省份之一时计算而得，本研究将之称作第一类整体 G-L 指数，它将作为因素分析章节中的区际贸易模式的测度方法，具体之后再做说明；另一类是在把 b 区域当作除 a 以外的 27 个省份的综合体时计算而得，本研究将之称作第二类整体 G-L 指数。

本节利用式（4-12），计算出两类整体 G-L 指数，进而透过计算结果来洞察区域整体的区际贸易模式的演进特征和趋势。而对于每一类整体 G-L 指数，又具体从两个角度来进行分析：一是全国内的区际贸易模式的演进特征和趋势；二是典型区域内的区际贸易模式演进特征和趋势。需要说明的是，前者是指透过本研究选择的 28 个省份来综合地观察中国的区际贸易模式演进态势；典型区域是指在全国范围内再圈定出来的大区域，本研究选择的是京津冀和长江经济带，省区在典型区域中成为次级区域，因此实际上是透过这些次级区域来观察京津冀和长江经济带区际贸易模式的演变态势，之所以要考察典型区域是出于对它们战略地位重要性的考量。

一、第一类整体 G-L 指数测度结果分析

诚如 4.2 节所言，第一类整体 G-L 指数是在把 b 区域当作除 a 以外的 27 个省份之一时计算而得，因此，它能比较细致地反映出各区域两两之间的贸易模式演变，进而"微观"[①] 地把握中国的区际贸易模式演进特征和趋势。

（一）全国内的区际贸易模式演进特征和趋势

对于此类 G-L 指数，28 个省份 6 年的数据量比较大，为了便于分析，将之按 G-L 指数的大小以 0.1 为组距分为 10 组，即 0~0.1、0.1~0.2、…、0.9~1.0。由此计算出各组样本数占总样本的比例 P_i（$i=1，2，…，10$），以及各组样本的 G-L 指数之和占总 G-L 指数和的比例 Q_i。然后得到 1987~2017 年的第一类整体 G-L 指数气泡图，如图 4-10 所示，其中横轴表示组别，纵轴表示 P_i，气泡大小表示 Q_i。

---

① 此"微观"不同于经济学上的定义，用该词只是为了与第二类整体 G-L 指数的作用进行区分。

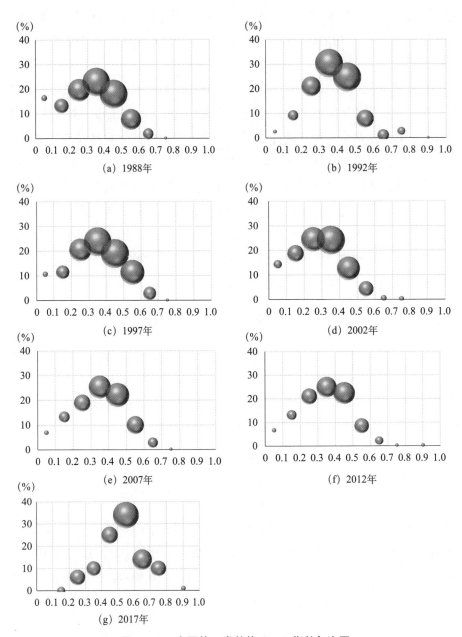

图 4 - 10　全国第一类整体 G - L 指数气泡图

资料来源：笔者基于 DRCMRIO 数据库数据计算所得。

从图4-10可见,第一类整体G-L指数反映出中国区际贸易模式演进具有如下特征和趋势。

第一,2012年之前区际贸易模式这六年整体表现出以产业间贸易为主的特征。1978~2012年,其气泡都集中于0~0.5这个范围内,而最大的气泡和最高的气泡都位于0.2~0.5这个范围内,也就是说G-L指数小于0.5的样本其样本数比例和G-L指数和的占比都远远超过G-L指数大于0.5样本,这很大程度上意味着区际贸易模式以产业间贸易为主。

第二,区际贸易模式呈现出以产业间贸易为主的特征弱化的趋势。纵向来看,2012年,0.2~0.5范围内的气泡虽然依然是最大的和最高的,但其大小相对缩小,也就是受这个范围内G-L指数和占总G-L指数和的比重下降了,这在一定程度上反映出以产业间贸易为主的特征弱化的趋势。

第三,2017年全国内的区际贸易模式发生转变,变为以产业内贸易为主。这一年G-L指数在0.5~0.6范围内的气泡最大且位置最高,其次是0.6~0.7范围内的气泡,表明大部分区域的G-L指数值大于0.5,且有小部分区域的值大于0.9,反映出我国的区际贸易模式已经由以产业间贸易为主转变为产业内贸易为主。

(二)典型区域区际贸易模式演进特征和趋势

从本章的研究目的来讲,只从整体分析中国区际贸易模式演进趋势是不够的,还需要从个体来窥探其中的奥秘。因此,有必要在全国范围内选取典型区域进行分析。而从研究意义来讲,什么样的典型区域具有窥探价值呢?"一带一路"、长江经济带和京津冀协同发展作为三大国家战略,已然是区域经济研究的热点问题,可以说"一带一路"、长江经济带和京津冀是当之无愧的典型区域。其中,"一带一路"由丝绸之路经济带和21世纪海上丝绸之路共同组成,虽然《推动共建丝绸之路经济带和21世纪海上丝绸之路的愿景与行动》提到了某些省份和地区的定位,但正如刘卫东(2015)所言,"所有地区都可以参与'一带一路'的建设",因此,本研究将不对"一带一路"进行单独的分析,而把典型区域锁定在长江经济带和京津冀。

长江经济带包括上海、江苏、浙江、安徽、江西、湖北、湖南、四川、重庆、云南、贵州等11个省份①（鉴于数据的可获得性，本研究把重庆并四川），它上接京津冀、下联珠三角、左联丝绸之路、右接长三角，起着协调东中西部的重要作用。撇开沿江地区发展遥遥领先的大城市不论，长江下中上游地区的发展差异比较明显，大体上是全国东中西地区发展差异的缩影。最后，京津冀包括北京、天津和河北，作为优质生产要素富集的载体，它已成为当今世界最活跃的区域经济中心，京津冀三地在发展阶段和主导产业等多方面存在差异，可以说它们的产业发展存在明显的梯度落差，具有很强的产业结构梯度和互补性。可见，三大典型区域内部存在较大差异性，而这种差异的背后是否隐藏着其区际贸易模式以产业间贸易为主的秘密呢？这还有待于我们透过历年的 G－L 指数来对事实的真相揭露一二。

对长江经济带内部的区际贸易模式演进特征和趋势的分析，与全国一样，都是运用气泡图来刻画。从图 4－11 可见，第一类整体 G－L 指数反映出长江经济带在观察年份中的区际贸易模式演变趋势和特征如下：区际贸易模式逐渐由产业间贸易为主演变为以产业内贸易为主。1987 年，其最大的和位置最高的气泡都位于 0.3～0.4 这个范围内，而 0～0.3 和 0.5～1 这个范围内的气泡则非常小且位置低，也就是说 G－L 指数小于 0.5 的样本其样本数比例和 G－L 指数和的占比都远远超过 G－L 指数大于 0.5 样本，这很大程度上意味着区际贸易模式以产业间贸易为主。但 2017 年，产业内贸易不可小觑，我们知道，最大的和位置最高的气泡都位于 0.3～0.5 这个范围内，其最大的和位置最高的气泡都位于 0.5～0.6 这个范围内，且存在 0.8～0.9 范围内的气泡，也就是产业内贸易为主，且水平较高。可见，1987～2017 年，长江经济带的区际贸易模式逐渐转变为产业内贸易为主，但是其程度不算高。

对京津冀内部的区际贸易模式演进特征和趋势的分析，与全国不同，因为只包含 3 个省份，数据量少，所以用矩阵列表呈现。从表 4－3 不难得出，第一类整体 G－L 指数反映出京津冀在观察年份中的区际贸易模式演变趋势和特征如下。

---

① 在国家发展改革委和交通部 2013 年启动《依托长江建设中国经济新支撑带指导意见》的起草工作之初，当时范围只有上海、重庆、湖北、四川、云南、湖南、江西、安徽、江苏 9 个省份。2014 年 4 月 28 日，国务院总理李克强在重庆主持召开座谈会，从这次会议来看，贵州和浙江两省确定被纳入。

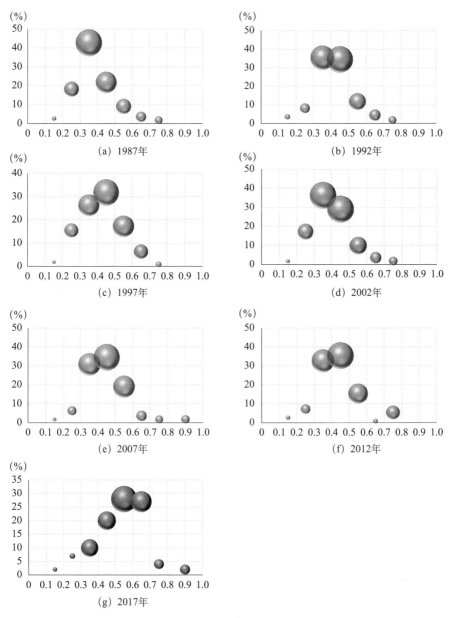

图 4 - 11 长江经济带第一类整体 G - L 指数气泡图

资料来源：笔者基于 DRCMRIO 数据库数据计算所得。

表 4 - 3　　　　　　京津冀第一类整体 G - L 指数矩阵

1987 年				1992 年				1997 年			
地区	北京	天津	河北	地区	北京	天津	河北	地区	北京	天津	河北
北京		0.60	0.68	北京		0.52	0.49	北京		0.55	0.45
天津	0.60		0.48	天津	0.57		0.52	天津	0.64		0.51
河北	0.54	0.46		河北	0.43	0.52		河北	0.44	0.53	

2002 年				2007 年				2012 年			
地区	北京	天津	河北	地区	北京	天津	河北	地区	北京	天津	河北
北京		0.61	0.20	北京		0.67	0.44	北京		0.61	0.46
天津	0.57		0.10	天津	0.63		0.46	天津	0.62		0.45
河北	0.38	0.27		河北	0.37	0.39		河北	0.53	0.55	

2017 年			
地区	北京	天津	河北
北京		0.72	0.48
天津	0.68		0.47
河北	0.56	0.57	

资料来源：笔者基于 DRCMRIO 数据库数据计算所得。

首先，北京和天津之间的区际贸易模式比较稳定，整体以产业内贸易为主。无论是北京到天津的区际贸易，还是天津到北京的，G - L 指数值都大于 0.5，因此北京和天津之间的区际贸易模式稳定地以产业内贸易为主。此外值得注意的是，G - L 指数值虽然都大于 0.5，但是最大值仅为 0.72，出现于 2017 年北京到天津的区际贸易，因此产业内贸易水平适中。

其次，河北和北京之间的区际贸易模式由产业内贸易为主演变为产业间贸易为主，且北京到河北的贸易长期保持以产业间贸易为主的特征，而河北到北京的贸易在 2012 年回到了以产业内贸易为主。从表中可以明确地看到，北京到河北的区际贸易的 G - L 指数值由 1987 年的 0.68 下降到 1992 年的 0.49，此后一直小于 0.5，2002 年甚至降至 0.2，保持着以产业间贸易为主的趋势。再看河北到北京的区际贸易 G - L 指数值，它也由 1987 年的 0.54 下降到 1992 年的 0.43，此后一直到 2007 年，都小于 0.5，意味着长期保持着以产业间贸易为主的特征，但不容忽视的是，2012 年和 2017 年，又回升到

0.53 和 0.56，即贸易模式转变为以产业内贸易为主，而这是否为长期趋势还有待考证。也就是说，无论是河北到北京的区际贸易还是北京到河北的区际贸易，其贸易模式都由 1987 年的以产业内贸易为主演变为 1992 年的以产业间贸易为主，前者到 2012 年又演变为以产业内贸易为主，而后者却一直保持着以产业间贸易为主的特征。

最后，河北和天津之间的区际贸易模式波动变化较大，但偏向于以产业间贸易为主。从天津到河北的区际贸易来看，1987 年 G－L 指数值为 0.48，小于 0.5，意味着以产业间贸易为主，但 1992 年又上升到 0.52，转变为以产业内贸易为主，而 2002 年却骤降至 0.5 之下的 0.1，又回到以产业间贸易为主，此后 2007～2017 年虽然 G－L 指数值有所增大，但都小于 0.5，没有改变以产业间贸易为主的特征。再看河北到天津的区际贸易，1987 年 G－L 指数值为 0.46，表现出区际贸易模式以产业间贸易为主，但是到 1992 年，便上升为 0.52，变成以产业内贸易为主，1997 年依然如此，而 2002 年却下降到 0.27，变成以产业间贸易为主，然后 2007 年的 G－L 指数值又开始回升，直到 2012 年回到 0.5 之上的 0.55，2017 年继续升温到 0.57，贸易模式又变成了以产业内贸易为主。可见，河北和天津之间的区际贸易模式有如过山车般波动变化不定。但从 2017 年 G－L 指数值来看，河北到天津的区际贸易模式演变为以产业内贸易为主，而天津到河北的区际贸易模式以产业间贸易为主。

总体而言，涉及河北时，区际贸易模式倾向于以产业间贸易为主，而北京和天津之间却是稳定地以产业内贸易为主。

二、第二类整体 G－L 指数测度结果分析

亦如第二节所言，第二类整体 G－L 指数是在把 b 区域当作是除 a 以外的 27 个省份的综合体时计算而得，因此它虽然不如第一类整体 G－L 指数那么细致，但也能很好地洞察各区域在全国范围内的区际贸易模式演变，进而"中观"地把握中国的区际贸易模式演进特征和趋势。

（一）全国内的区际贸易模式演进特征和趋势

从图 4－12 可见，第二类整体 G－L 指数反映出中国区际贸易模式演进具有如下特征和趋势。

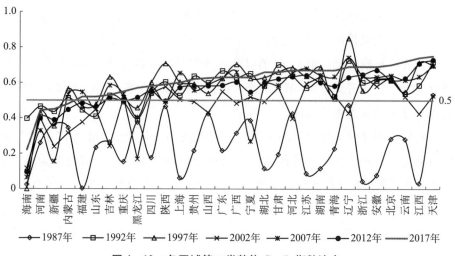

图 4 – 12　各区域第二类整体 G – L 指数演变

注：纵轴为第二类整体 G – L 指数值。

资料来源：笔者基于 DRCMRIO 数据库数据计算所得。

一是区际贸易模式由以产业间贸易为主演变为以产业内贸易为主。1987年，除了天津的 G – L 指数大于 0.5 以外，其他区域的都小于 0.5，这意味着除了天津之外，其他 27 个区域的区际贸易模式都是产业间贸易。再从 G – L 指数均值来看，其值为 0.24，产业内贸易水平很低。由此可以推断，1987年，中国区际贸易模式以产业间贸易为主，产业内贸易几乎可以忽略不计。然而与之形成鲜明对比的是，2012 年，除了内蒙古、福建、山东、河南和新疆 5 个区域的 G – L 指数小于 0.5 之外，其他区域都大于 0.5，也就是说，这 5 个区域的区际贸易模式为产业间贸易，除此之外，其他 23 个区域的区际贸易模式都是产业内贸易。由此可以推断，2012 年，中国区际贸易模式以产业内贸易为主。但其 G – L 指数均值仅为 0.55，产业内贸易水平不算高。2017年，显然，除了海南、河南、新疆和内蒙古之外，其他省份的 G – L 值都在 0.5 以上，也就是区际贸易皆以产业内贸易为主。可见，1987～2017 年，中国区际贸易模式最终由以产业间贸易为主演变为以产业内贸易为主。

二是区际贸易模式并非线性地由产业间贸易为主转变为产业内贸易为主，而是波动的演变。从 G – L 均值来看，1992 年，中国区际贸易模式由以产业间贸易为主转变为以产业内贸易为主，到 1997 年，均值达到 0.58 的最高值，但 2002 年发生了逆转，均值缓降至临界值之下的 0.46，以产业内贸易为主转变为以产业间贸易为主，而峰回路转到 2007 年，均值又回升到临界值之上的 0.55，2012 年和 2017 年分别为 0.55 和 0.61，依然保持着以产业内贸易为主。这种特点和趋势从图 4 - 3 中也能窥见一斑，除了 1987 年和 2002 年以外，28 个区域的 G - L 指数曲线大体位于 0.5 这条线之上。

三是虽然我国区际贸易模式转变为产业内贸易为主，但其水平不算高。从均值来看，最高值出现在 2017 年，为 0.61。从图 4 - 12 来看，大于 0.5 的 G - L 指数值集中于 0.5 ~ 0.7 这个范围内，产业内贸易水平属于较高档次，但不算高。

（二）典型区域区际贸易模式演进特征和趋势

和上面一样，我们依然选择长江经济带和京津冀作为典型区域。

我们依据第一类整体 G - L 指数发现：长江经济带区际贸易模式呈现出以产业间贸易为主的特征；京津冀地区的北京和天津之间的区际贸易模式比较稳定，整体以产业内贸易为主，但河北和北京之间的区际贸易模式由最初的产业内贸易为主演变为产业间贸易为主，且长期保持以产业间贸易为主的特征，此外河北和天津之间的区际贸易模式波动变化较大。那么基于第二类整体 G - L 指数，又能发现些什么呢？

和第一类整体 G - L 指数不同，我们通过第二类整体 G - L 指数来审视长江经济带的区际贸易模式演进特征和趋势，则是研究长江经济带中的每个省份和其他几个省份的综合体之间的贸易模式演进问题，京津冀地区同理。

长江经济带内部的区际贸易模式演变特征和趋势表现为：贸易模式以产业间贸易为主，且比较固定。从图 4 - 13 来看，折线大都位于 0.5 这条临界线之下，除了 2002 年和 2017 年的上海，1987 年和 2007 年的江西，以及 2017 年的湖北，其 G - L 指数值大于 0.5 以外，其他 G - L 指数值全部小于 0.5。显然长江经济带范围内的区际贸易模式以产业间贸易为主。这种特征以贵州最为显著，因为它的 G - L 指数值每年都是最小的，1987 年和 2002 年为 0.09，1992 年为 0.06，1997 年为 0.08，2007 年和 2012 年为 0.13，2017 年为 0.18，根据 G - L 指数判定标准，产业间贸易水平高；其次是浙江，其各年 G - L 指数值也小于 0.25，产业间贸易水平高。

京津冀第二类 G - L 指数值计算结果如表 4 - 4 所示，从中我们发现：一是京津冀范围内的区际贸易模式以产业内贸易为主，且普遍具有较高水平。从三

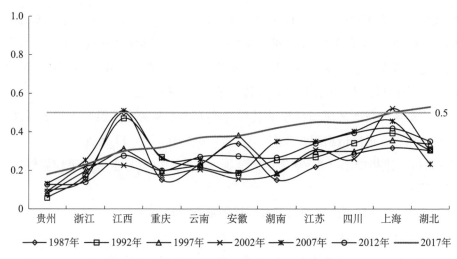

图 4 – 13　长江经济带第二类整体 G – L 指数趋势

注：为了保持各年份统一，重庆并入四川，故此处长江经济带中未出现重庆（下同）。

资料来源：笔者基于 DRCMRIO 数据库数据计算所得。

个省份的 G – L 指数值来看，除了 2002 年的北京为 0.57 和河北为 0.54 之外，其他的都在 0.6 以上，从均值来看，除了 2002 年之外，其他各年份的都大于 0.69，这意味着产业内贸易水平较高。二是 1987～2017 年的产业内贸易水平在提升。北京的 G – L 指数值由 1987 年的 0.78 上升到 2017 年 0.87，天津由 0.64 上升到 0.77，河北由 0.64 上升到 0.84，而三省份的均值也由 0.69 上升到 0.83。

表 4 – 4　　　　　　　　　京津冀第二类整体 G – L 指数

区域	1987 年	1992 年	1997 年	2002 年	2007 年	2012 年	2017 年
北京	0.78	0.69	0.70	0.57	0.83	0.85	0.87
天津	0.64	0.71	0.71	0.65	0.84	0.69	0.77
河北	0.64	0.69	0.72	0.54	0.94	0.80	0.84
均值	0.69	0.70	0.71	0.59	0.87	0.78	0.83

资料来源：笔者基于 DRCMRIO 数据库数据计算所得。

第五节　本章小结

本章归纳了贸易模式测度方法——静态测度方法和动态测度方法，其中静态测度方法主要包括 Balassa 指数、G－L 指数、Aquino 指数和 Bergstrand 指数，动态测度方法主要包括 H－K 指数、GHME 指数和 B－L 指数。从中选取了著名的、较具科学性与权威性且使用最广泛的 G－L 指数作为本研究区际贸易模式测度方法，它不仅具有适用性，而且具有较好的可操作性。

G－L 指数分为单个产业 G－L 指数和区域整体 G－L 指数。对于前者，本研究首先测度各区域 33 个产业的 G－L 指数，然后选取第一产业中的农业、第二产业中的纺织业和通信设备、电子计算机制造业作为分析产业，进而筛选出这些产业中区际贸易活跃的区域作为分析区域，来洞悉单个产业的区际贸易模式演变态势，之所以对单个产业 G－L 指数进行测度和分析，主要在于它是区域整体 G－L 指数测度的必经之路。后者又分为两类，即第一类整体 G－L 指数和第二类整体 G－L 指数，两类整体 G－L 指数都从全国和典型区域两个角度入手，来窥探区域整体的区际贸易模式演进特征和趋势。从分析结果来看，中国区际贸易模式具有以下演进特征和趋势：

第一，从单个产业区际贸易模式来说，农业区际贸易以产业间贸易模式为主的特征明显，制造业以产业内贸易模式为主的特征明显，而这种区际贸易模式特征的差异主要源于产品差异，制造业的产品差异明显大于农业。从发展趋势来看，无论是农业，还是制造业，各区域的区际贸易模式都没有遵循一条统一的发展路径，有的是保持以产业内贸易为主，有的是保持以产业间贸易为主，有的是以产业间贸易为主演变为以产业内贸易为主，还有的是以产业内贸易为主演变为以产业间贸易为主。

第二，从区域整体区际贸易模式来看，全国内的区际贸易模式由以产业间贸易为主转向以产业内贸易为主。无论是从第一类整体 G－L 指数还是第二类整体 G－L 指数来看，区际贸易模式都出现了由以产业间贸易为主演变为以产业内贸易为主的发展趋势，但产业内贸易水平还不高。

第三，长江经济带内部的区际贸易模式稳定地以产业间贸易为主。这是两类整体 G－L 指数共同反映出来的特征。

第四，京津冀地区内部的区际贸易模式总体以产业内贸易为主，但北京到河北、天津到河北的贸易模式倾向于以产业间贸易为主，即涉及河北时，贸易模式更有可能以产业间贸易为主，而天津和北京之间却是稳定地以产业内贸易为主。从第二类 G－L 指数来看，京津冀范围内的区际贸易模式以产业内贸易为主。但这与基于第一类G–L指数得出的结论有出入。第一类G–L指数反映出，北京和天津之间的区际贸易模式比较稳定，整体以产业内贸易为主，但河北和北京之间的区际贸易模式由以产业内贸易为主演变为以产业间贸易为主，且长期保持以产业间贸易为主的特征，此外，河北和天津之间的区际贸易模式波动变化较大，但从GL数值来看，虽然以产业间贸易为主，但趋于以产业内贸易为主。可见，两类G–L指数反映出，北京和天津之间区际贸易模式是确定的以产业内贸易为主，河北与其他两区域之间的区际贸易模式则模棱两可，可以确定的是，涉及河北时，区际贸易模式倾向于以产业间贸易为主，而北京和天津之间却是稳定地以产业内贸易为主。

第五章

区际贸易模式演进的驱动因素：理论分析和定量测度

从现有的诸多研究来看，贸易模式整体上存在一条由产业间贸易向产业内贸易动态演进的路径，实证分析的主要目的和作用在于判定经济主体的贸易模式处于什么阶段以及检验驱动其动态演进的因素。在第四章中，笔者运用数据从单个产业和区域整体两个视角透视了中国区际贸易模式演进特征和趋势，窥探到单个产业的区际贸易模式没有遵循一条统一的演进路径；全国内部区域整体的区际贸易模式由以产业间贸易为主转向以产业内贸易为主；此外，长江经济带内部区际贸易模式稳定地以产业间贸易为主，京津冀地区内部的区际贸易模式总体以产业内贸易为主，但北京到河北、天津到河北的贸易模式倾向于以产业间贸易为主，而天津和北京之间却是稳定地以产业内贸易为主。

在明确我国区际贸易模式演进所具有的特征和趋势或者所处阶段之后，本章将进入驱动因素的探究。具体而言，本章是从理论层面剖析区际贸易模式演进的驱动因素，为第六章的实证检验奠定理论基础。从文献综述来看，现有对（国际）贸易模式影响因素的研究文献屡见不鲜，但对于推动区际贸易模式演进的因素却寥寥无几，因而本研究有必要对之进行较为深入和翔实的阐述。

本章的结构安排是，第一节从宽泛的概念上对区际贸易模式的影响因素做个初步的甄别和归类；第二节从中观和微观两个视角对之进一步复诊；基于这两节，把区际贸易模式决定因素的焦点放于市场分割和区域差异，并于第三节和第四节分别对之分析，包括其概念、度量以及它们在中国的特征事实；第五节为区域差异各因素的定量测度。

第一节　区际贸易模式演进驱动因素的甄别

第一章中谈及"国家间差异越大，产业间贸易量就越大；国家越相似，产业内的贸易量越大"的重要结论，那是赫尔普曼和克鲁格曼在《市场结构和对外贸易》一书中所论证的，可以说是本书的缘起。因此，在区际贸易模式演进的驱动因素部分，区域差异自然是分析的重头戏。除了区域差异之外，区际贸易模式演进的主要动力之一便是市场分割的发展。这两大经济现象，即区域差异和市场分割，构成了区际贸易模式演进驱动因素的缩影。这主要是基于第二章中的文献综述和相关理论以及区际贸易有别于国际贸易的特性而做出的初次诊断，具体而言包括以下两个方面。

一方面，从贸易理论来说，它包括产业间贸易理论（传统贸易理论）和产业内贸易理论（新贸易理论）。前者的核心是要素禀赋差异，后者的关键是规模经济和产品差异。总而言之，都可以归属于区域差异。

另一方面，从文献综述来说，有关国际贸易模式的主要影响因素分为两大类，一是国家特征因素，包括运输成本与地理特征、贸易壁垒、区域经济一体化程度、经济发展与人均收入水平、国家规模和市场容量；二是产业特征因素，包括规模经济、产业集中度、产品差异化和跨国公司与国际直接投资。因为国际贸易和区际贸易本质上无异且拥有共同的基础，所以这些因素在很大程度上也决定着区际贸易模式演进，换言之，影响区际贸易模式的因素也包括区域特征因素和产业特征因素，只不过需要进行一些名词替换，即把国家特征因素换成区域特征因素，把国家规模换成区域规模，同时去除跨国公司与国际直接投资这个因素，结果如表 5 - 1 中的依据一所示。从另一个角度来讲，实际上可以把这诸多因素进一步归纳为两类，即：市场分割（体现于区域特征因素中的运输成本与地理特征、贸易壁垒、区域经济一体化程度）；区域差异（体现于区域特征因素中的经济发展与人均收入水平、区域规模和市场容量、规模经济和产业集中度和产品差异）。

表 5 - 1　　　　　　　　　　区际贸易模式影响因素归类

		依据一：现有文献	依据二：理论	依据三：区别	本书归类
区域特征因素		运输成本与地理特征	—	区际贸易有别于国际贸易的特性	市场分割
		贸易壁垒			
		区域经济一体化程度			
		经济发展与人均收入水平	产业间贸易理论		区域差异
		区域规模和市场容量			
产业特征因素		规模经济	产业内贸易理论		
		产业集中度			
		产品差异化			

资料来源：笔者综合以上论述自行绘制。

上述无论哪种因素，都无一不渗透着区域差异的影子，技术差异、要素禀赋差异、产品差异等。因为有差异，区域之间才有进行贸易的动力，区际贸易模式才得以成形。这如同细胞失水和吸水的原理一样，之所以失水和吸水就在于细胞内外部溶液的"浓度差异"；也如同空气流动是由于气压差一般，跨距离活动的主要动力在于"差异"，区际贸易也不例外。因此，本章重点不仅在于分析区域差异对区际贸易模式演进的作用，更在于厘清哪些区域差异是重中之重。据此，笔者将从市场分割和区域差异两个方面，勾勒出促使区际贸易模式演进因素的框架，之所以突出"市场分割"，简而言之是因为如果没有市场分割，在一定程度上就不能谈区域差异，后续将进一步分析。

第二节　市场分割与区际贸易模式演进

看问题有如层层剥笋，常常从最外层开始。对于区际贸易模式驱动因素这个问题，其最外层便是市场分割。

不难想见，市场分割也就是经济体内部由于显性的自然因素和隐性的非自然因素（如政策差异）而形成的跨区域壁垒或价格差异。市场分割从两个层次对区际贸易模式产生影响，基于这种影响关系，将市场分割称为影响区际贸易模式动态演进的"第一要素"毫不违和。

第一，市场分割对区际贸易的形成具有直接影响。市场分割和区际贸易的关系十分密切，一方面，市场分割的存在造就了区域的存在，也使区际贸易有了成形的可能性，否则，整个贸易就成了区域内部的贸易，也就谈不上"区际"，更谈不上区域差异；另一方面，同时市场分割也加大了区际贸易的难度，阻碍其发生的程度和频率，具体而言，市场分割程度越高，区际贸易程度越低，假设市场分割程度高到区域之间完全封闭，那么就不可能有区域间的要素流动和商品流动，也就不会有区际贸易，就不存在区际贸易模式的问题。正是由于这种关系，现有的许多研究都不由自主地把区际贸易作为衡量市场分割程度的一个指标。

第二，市场分割对区际贸易模式具有间接影响。诚如以上所言，如果市场完全封闭，那么就不会有区际贸易，那么各区域就会为了满足自身需求而生产多种产品，进而造成产业结构趋同，甚至完全雷同（各地的产业结构还受制于需求偏好等因素，因此只能说存在完全雷同的可能性）。与此同时，市场分割体现于运输成本[①]与地理特征、贸易壁垒、区域经济一体化程度这些已有研究得出的区际贸易模式影响因素，运输成本越大、贸易壁垒越强、区域经济一体化程度越高，则市场分割程度越大。而无论是运输成本与地理特征，还是贸易壁垒，抑或是区域经济一体化，最终都能体现于"价格"之上，换言之市场分割最终也可以通过"价格"来体现，从其定义和现有度量方法中可窥见一斑。通常，市场分割程度越高，则两区域间的价格差异越大，反之亦然。而从微观经济学中知，互补品的需求交叉价格弹性的绝对值较小，而替代品的较大，也就是说，相对互补品而言，消费者往往对具有一定可替代商品间的价格差异变动较为敏感，价格的小幅调整就可能改变到其消费决策。那么，如若市场分割程度加强，则消费者便会减少对其他区域可替代性商品的消费，但互补商品的需求数量改变较小，因此，产业内贸易水平相对下降，而产业间贸易水平相对上升。无论是形式多样的国际性区域联盟，还是我国如雨后春笋般涌现的区域性联盟，在一定程度上，都是为了加强联盟

---

① 交通基础设施（换言之，运输成本）对区际贸易的重要影响得到许多研究者的证实，如唐纳森（Donaldson，2010）基于印度在英国殖民时期的数据评估交通基础设施对区际贸易的影响，得出了交通基础设施的改善可以提高区际贸易量的结论。

内的产业内贸易，在整体上提高贸易水平。

显然，在其他条件固定的情况下，这就意味着市场分割程度越高，区际贸易程度越低，产业内贸易水平越低。同时从现有研究来看，结果都毫无例外地认为市场分割和产业间贸易正相关，与产业内贸易负相关。所以有了以下假说。

假说 1：当其他条件固定且存在区际贸易的情况下，市场分割程度越高，产业间贸易水平越高，产业内贸易水平越低，反之亦然，从而驱动区际贸易模式的演变。

第三节　区域差异与区际贸易模式演进

假设市场的闸门渐渐打开，市场分割程度下降，区域之间可以轻松地进行贸易，那么 A 区的什么产品会流出到 B 区，B 区的什么产品会流出到 A 区呢？区际贸易模式会如何？这就是区际贸易模式决定因素问题的第二个层面，也是笔者最关心的因素——区域差异。本研究的区域差异具体包括技术差异、要素禀赋差异、经济规模差异、需求差异和产品差异等。

一、区域差异推动区际贸易模式演进的中观机制

众所周知，经济学中介于宏观和微观之间的中观世界是产业，因此，下面将透过产业来诠释区域差异对区际贸易模式动态演进的影响。

（一）从产业侧面阐释区际贸易模式演进的可能性

时至今日，区际贸易的相关文献寥若晨星，当人们想对它了解一二时，时常困惑于何以浩如烟海的资料没能提供一个关于区际贸易的清晰面貌。纵观贸易理论，虽然传统贸易理论和新贸易理论已日臻成熟，也为区际贸易理论的发展奠定了坚实的基础，但它毕竟是解释国际贸易的理论。因此，当本研究涉足复杂的区际贸易问题，探究区际贸易模式的影响因素时，便有必要基于某个侧面（或系统）顺藤摸瓜地对区际贸易模式进行阐释，以期为区际贸易模式动态演进找到适合的解释机制。而这个侧面首先就是产业，这根"藤"首先就是产业发展。

犹记得勒施（Losch，1995）的那句"在原理上全部经济理论能从空间的

侧面加以重新阐明"在我心中激荡起的涟漪，它是如此美妙地为区域经济学勾勒出了一幅动人心弦的前景，也唤起了我从某个侧面来解释区际贸易模式的激情。而当我初识并理清产业发展的脉络之后，"在原理上诸如区际贸易模式的许多经济现象也能从产业的侧面加以重新阐明"这个想法便在脑海里挥之不去。诚然，想法若是空穴来风，则它终究只能是想法，但它并非如此，而是班班可考。一是因为类似的想法（或者说结论）早已有之，并得到了普遍的认可，那就是雷蒙德·弗农（Raymond Vernon）1966 年在《产品周期中的国际投资于与国际贸易》一文中提出的"产品生命周期理论可以解释国际贸易"，与之不同的是，本研究是从产业（生命周期理论）的角度来解释区际贸易模式的演变；二是马克思哲学认为，"整体对部分起决定性的统率作用"，区际贸易是产业发展过程中的一部分（这将在接下来的分析当中加以说明），因此，在原理上区际贸易模式的演进能从产业的侧面加以阐释；三是本书研究的区际贸易模式分为产业间贸易和产业内贸易，区际贸易的主体主要是产业，因而可以用"产业发展"的语言来阐述问题；四是产业作为经济学科的中观世界，它许多时候被作为看问题的一个侧面。可见，从产业这个侧面阐释区际贸易模式的演进具有合理性和适宜性。

（二）区域产业发展和区际贸易模式演进的关系

由于笔者研究的是区际贸易，因此，一切经济因素都打上了区域的烙印，产业发展亦如是。故此处用的是区域产业发展，而不是产业发展，但二者本质上一样，只不过前者所强调的是某个区域内产业自身的发展以及产业联系。

区域产业发展相关理论分为两个层次、三个类别：第一层是区域产业生命周期理论；第二层是区域产业增长理论和区域产业联系相关理论。我们知道区域产业就像一个生命体，它会经历"导入（或初创）期→成长期→成熟期→衰退（或蜕变）期"，也就是所谓的产业生命周期。在这个过程中，它一方面要解决自身发展问题，包括创新、提高技术、降低成本等，并且到了成熟阶段后期，为了不陷入衰退状态并最终消失，而需要升级，因此，区域产业发展理论的一个重要方面就是区域产业增长理论；另一方面要处理与"他人"的关系，这里面就涉及到区域内产业间联系（即产业关联、产业集聚、产业集群等）、区域间产业联系（包括产业转移和区域贸易甚至国际贸易），这也就是区域产业联系的相关理论。可以说，第一层次的产业生命周

期理论蕴含于第二层次的区域产业增长相关理论和区域产业联系相关理论
之中，前者是灵魂，后者是躯干，它们共同助力于区域产业发展的动态
演进。

从区域产业生命周期来看，人们常用一条 S 形曲线予以表示，即区域产
业生命周期曲线，如图 5 - 1 所示，横轴表示时间，纵轴代表产业销售额。从该
曲线可见，在成熟期及其之前，几乎所有产业都具有类似 S 形的生长曲线，而
在成熟期后的衰退阶段则出现了两条不同的生命曲线：第一条是如图 5 - 1（a）
曲线所示，该类产业长期处于成熟期，从而成为稳定型的行业，进入蜕变期；
第二条如图 5 - 1（b）曲线所示，该类产业以较快的速度进入衰退期，从而
成为迅速衰退的行业。

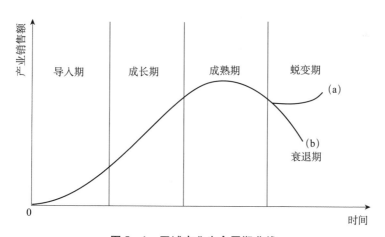

图 5 - 1　区域产业生命周期曲线
资料来源：笔者综合以上论述自行绘制。

一般而言，区域产业会按照"初创阶段（导入期）→成长阶段→成熟阶
段→衰退（或蜕变）阶段"的轨迹发展，也就是图 5 - 1 所呈现的一般意义
上的产业生命周期曲线。在此，对该区域产业生命周期曲线进行扩展，以期
更好地刻画区域产业发展的动态演进过程，结果如图 5 - 2 所示。和图 5 - 1
明显不同的是，进入衰退阶段的某些产业，通过技术进步等升级方式按照
图 5 - 2（a）曲线轨迹进入蜕变阶段，破茧成蝶，开始新的生命周期；和
图 5 - 1 相同的是，进入衰退阶段的某些产业或许会较快进入衰退期，按照
图 5 - 2（b）曲线轨迹迅速衰退，成为夕阳产业，并逐渐解体，当然，此时

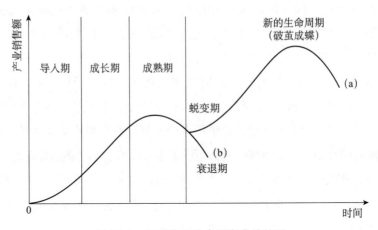

图 5 - 2　区域产业生命周期曲线扩展

资料来源：笔者综合以上论述自行绘制。

也可能出现产业转移，转移到其他区域延续那"前途未卜"的生命周期，如图 5 - 3 所示。

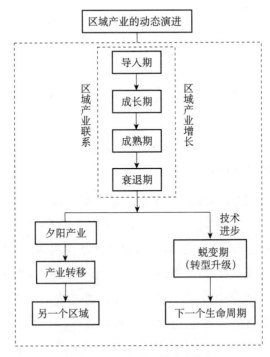

图 5 - 3　区域产业的动态发展

资料来源：笔者综合以上论述自行绘制。

显然，区域产业发展是一个动态演进过程。图 5-3 是其动态演进图，表 5-2 陈列了演进过程中所涉及的内容，可以看出，区际贸易是产业发展中的一个分支，可以说，它们是部分和整体的关系。

表 5-2　　　　　　　区域产业动态发展过程中的内容

区域产业发展	第一层次	产业生命周期		
	第二层次	区域产业增长		
		区域产业联系	区域内产业间联系	产业关联、集聚、集群
			区域间产业联系	区域贸易
				产业转移

资料来源：笔者综合以上论述自行绘制。

（三）区域产业发展→区际贸易模式演进

作为区域产业发展一个部分的区际贸易，其模式势必伴随产业发展的动态演进而演进。而这种"伴随演进"，换言之，区域产业演进对区际贸易模式动态演进的影响，主要体现于三个方面。

首先，产业增长对区际贸易模式演进的发酵作用。毫无疑问，区域产业发展首先就包括单指产业生产能力和经济潜力增加的区域产业增长，或者从产出角度来看的量上面的提高。举例说明，假设存在两区域（A 和 B）、两产业（X 和 Y），A 区域出口 X 产品，进口 Y 产品，而 B 区域反之，则两区域进行的是产业间贸易，如果 A 区域的 X 产品产量下滑到只能满足自身需求而不能出口，那么原来的贸易模式将被改变。显然产量的变化会改变贸易模式，而又是什么影响了产量呢？这是我们耳熟能详的经济学问题，答案无非是有关于生产要素、技术水平和政策等。

其次，产业结构演变的催化作用。事实上，贸易模式变化之前大都出现了产业结构的演变，可以说产业结构的演变是在区际贸易模式演变一切因素准备就绪之后的一味催化剂。比如产业结构变化前，A 区域以第二产业为主且出口第二产业中的商品 X，B 区域以第一产业为主且出口第一产业中的商品 Y，两区域间进行的是产业间贸易，现假设 B 区域的第二产业蓬勃发展，产业结构也变为以第二产业为主，那么 B 区域的商品 X 产量将会增加甚至可以出口，因此，贸易模式或许会转变为产业内贸易模式。是什么因素促使产业结构演变呢？诸如配第—克拉克定理、霍夫曼定理、库兹涅茨的综合分析理论和钱纳里的"标准结构理论"等给出了答案。其中，配第—克拉克定理指出各产业间相对收入差异会使劳动力由收入较低的产业流向收入较高的产业，即由第一产业向第二产业转移，而后向第三产业转移，伴随着转移的发生，人们的收入水平也将提高，进而对三次产业的需求量发生变化，加剧产业间的相对收入差异，使劳动力进一步由第一产业向转移，可见造成产业结构演变的原因除了产业间的相对收入差异，还包括需求变化。钱纳里的"标准结构理论"认为产业结构的变化和经济增长、资本积累和比较优势等有关。大体上，收入水平、生产要素、需求是促进产业结构演变的因素，也成为区际贸易模式演变的动力。

最后，产业联系的助推作用。在产业发展理论中，区际贸易属于区域间产业联系理论中的一部分。当然，笔者并不会探讨区际贸易对自身的作用，而是分析产业联系中的产业集聚①和产业转移对区际贸易模式演进的影响。一方面，所谓产业集聚是指某一产业在某个空间上集中分布的现象。通常，产业集聚能带来知识溢出效应和劳动力池效应等，各产业共享资源，分担公共设施的运营成本，降低个体的生产成本，增加产量，同时促进规模化和专业化生产，推动和其他区域的贸易往来，尤其是产业间贸易。另一方面，所谓产业转移，其比较具有代表性的定义是指由于资源供给或产品需求条件发生变化后某些产业从一个区域向另一个区域转移的经济过程。关于它的研究早已有之，其中比较具有代表性的是赤松要和弗农，分别提出了"雁行形态论"和产品生命周期理论，不难发现，它们都和贸易具有或多或少的关系，尤其是其中的产品生命周期理论，它不仅作为产业转移理论而存在，也同时作为贸易理论而闻名。这两个理论分析产业转移规律的逻辑都在于把产业的成长分为了几个阶段，赤松要站在发展中国家的角度，把它分为国内市场产生阶段、进口阶段、进口替代阶段以及出口替代阶段，而弗农可以说是反方向地从发达国家（或者创新国家）的视角出发进行了分析。总之，在产品生命周期的第一阶段，创新国家发明并制造出新产品，享有对该产品的出口垄

---

① 不涉及产业集群对区际贸易模式演进的影响分析，主要在于产业集群是某一特定领域内相互联系的产业在地理上的聚集，常常形成区内贸易，而鲜有区际贸易。

断权利，此时的贸易模式即为产业间贸易；第二个阶段，其他国家开始生产该种产品，创新国家对这些国家的出口将减少甚至停止，此时的贸易模式依然为产业间贸易；第三个阶段，其他国家成为该产品的净出口国，创新国家开始进口一部分产品，此时的贸易模式即为产业内贸易；第四个阶段，创新国家成为净进口国，产业实现完全转移，此时的贸易模式又变为产业间贸易。产业转移对区际贸易模式演进的影响作用可见一斑。21世纪以来，我国产业转移随着全球产业结构调整的浪潮进入了一个新阶段，鼓励东部地区产业向中西部地区进行转移成为一种战略措施，不仅有利于优化资源配置，促进东中西的协调发展和良性互动，而且推动区际贸易模式的演变。

综上所述，区域产业发展对区际贸易模式的影响机制如图5-4所示。

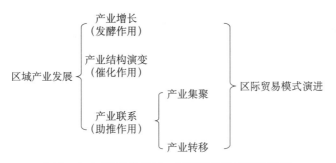

图5-4　区域产业发展→区际贸易模式演进机制
资料来源：笔者综合以上论述自行绘制。

回到最初，区域产业发展只是作为区际贸易模式演进的一个分析侧面而出现在此章，这从以上的分析中也可以看到，实际对区际贸易模式起作用的还在于推动产业发展的技术、生产要素、经济规模、需求和市场等因素，只不过各要素的作用在区域产业发展这个系统中得到了很好的体现（见图5-5）。区域产业发展就像一台发动机，它推动区际贸易模式演进需要动力因素，而区域差异（包括技术差异、要素禀赋差异、经济规模差异、需求差异和产品差异等）就是所需的动力因素。

二、区域差异驱动区际贸易模式演进的微观机制

1985年，赫尔普曼和克鲁格曼在《市场结构和对外贸易》一书中非常漂亮地使用了一套运用微观经济学的符号分析国际贸易模式决定因素的方法。

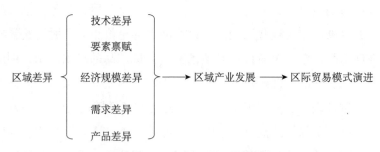

图5-5　区际贸易模式演进因素

资料来源：笔者综合以上论述自行绘制。

在"微观机制"这部分，该方法首当其冲。具体而言，此方法在于：首先构造一个生产要素完全流动的"一体化经济"（integrated economy）作为基点；其次把这个一体化经济分割成不同的国家；最后分析通过国际贸易把它们复原为一体化经济的条件①。在该书中，"盒形中的平行四边形"（parallelograms in a box）担当了重要的角色，图解了这个方法，使整个分析显得直观而清晰明了。因此，下面主要运用该图形对贸易模式决定因素进行探讨。与此同时需要说明的是，赫尔普曼和克鲁格曼的方法初衷在于分析国际贸易模式，而并非区际贸易模式，因此为了使该方法在本研究具有适用性，将在其中融入区际贸易有别于国际贸易的特殊因素，并把全国作为一体化经济，然后对之进行分割，最后探讨通过区际贸易把它复原的条件。

以上方法适用于任何数目的区域、要素和商品，其基本论点可以用 $2 \times 2 \times 2$ 模型加以说明，即两区域（O、O^*）、两要素（L、K）和两商品（X、Y）。首先来探讨报酬不变和完全竞争环境下的贸易模式。如图5-6所示，"盒形中的平行四边形"和我们所熟知的埃奇沃思盒形图（Edgeworth box）相似，它们拥有着许多相似的性质，但两者分析的目标不同，因此盒形中呈现出不同的形态。深藏图5-6腹中的是"平行四边形"，其中，平行四边形 OQO^*Q' 是一个典型的要素价格均等化集合，OQ 和 QO^* 分别代表一体化均衡下 X 产业和 Y 产业的就业水平，OO^* 代表世界经济的收入水平。

把一体化经济分割为两个区域，假设要素禀赋分布点是位于对角线 OO^* 上方的点 E，则在此种情况下，两区域存在要素禀赋差异，且本区域（O）

———————

① 当然，贸易并不总是能使一体化经济的复原，但这不属于本研究的研究范畴。

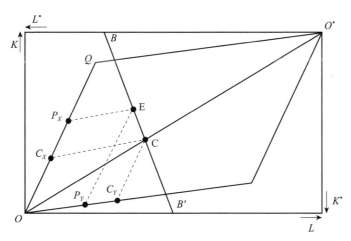

图 5 – 6 报酬不变和两种商品时的贸易

资料来源：赫尔普曼，克鲁格曼. 尹翔硕，尹翔康译. 市场结构和对外贸易——报酬递增，不完全竞争和国际经济［M］. 上海：上海人民出版社，2014：16.

的要素禀赋在于资本（K），另一区域（O^*）在于劳动（L）。然后，过 E 点作一条斜率为 $-\omega_L/\omega_K$ 的直线 BB'（其中 ω_L 和 ω_K 分别为 L 和 K 的报酬），同时得到该线与对角线相交的一点 C，它把对角线分成代表两区域国内生产总值水平的 OC 和 CO^*。因而，$\overline{OC}/\overline{CO^*}$ 就是本区域国内生产总值的相对水平。进而基于 E 和 C，在平行四边形 OQO^*Q' 中分别做平行四边形 OP_XEP_Y 和 OC_XCC_Y，各自得到本区域的生产和消费水平，其中，X 和 Y 的产出水平分别为 $\overline{OP_X}$ 和 $\overline{OP_Y}$，消费水平分别为 $\overline{OC_X}$ 和 $\overline{OC_Y}$。

　　显然，在报酬不变和完全竞争环境下，若不进行贸易，则本区域居民对 Y 产品的需求得不到满足，而 X 产品又会出现过剩的问题。因此，本区域流出商品 X（流出量为 $\overline{C_XP_X}$），流入商品 Y（流入量为 $\overline{P_XC_X}$），另一区域反之，如图 5 – 7 所示，两区域间的贸易模式为产业间贸易。最终在商品进而要素完全流动的情况下，复原一体化经济①。

　　刚才提到，这个方法适用于任何数目的区域、要素和商品。比如即便是存在三种商品（毕竟现实世界中商品种类要比要素种类多，因此需要对商品

---

　　① 事实上，现实中的一体化经济很难复原，最多也只是"趋于复原"。"复原"只是一种简化说法。

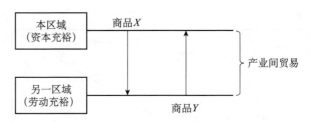

图 5 - 7　报酬不变时的贸易模式

资料来源：克鲁格曼，奥伯斯法尔德．黄卫平等译，国际经济学：理论与政策（第八版）［M］．北京：中国人民大学出版社，2011：124.

多于要素种类的情况加以考虑），如图 5 - 8 所示，贸易模式也同样只有产业间贸易，而差异在于流出流入何种产品上。图 5 - 8 中，OQ_1、Q_1Q_2（或者 $O\widetilde{Q_2}$）和 Q_2O^*（或者 OQ_2'）分别为一体化均衡下第一个产业、第二个产业和第三个产业的要素就业水平。同样假设 E 是禀赋分布点，由于 Q_1Q_2 和 Q_2O^* 亦可表示为 $O\widetilde{Q_2}$ 和 OQ_2'，因此可以构筑两种平行四边形，即 OP_1EP_3 和 $OP_1'EP_2'$。在前一种结构下，本区域流出商品 X，而在后一种结构下，则是流入此商品。但无论是哪种情况，贸易模式都是产业间贸易。

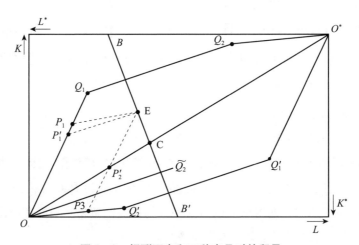

图 5 - 8　报酬不变和三种商品时的贸易

资料来源：赫尔普曼，克鲁格曼．尹翔硕，尹翔康译，市场结构和对外贸易——报酬递增，不完全竞争和国际经济［M］．上海：上海人民出版社，2014：17.

现在我们探讨报酬递增和不完全竞争背景中的贸易模式，依然运用图 5 - 6 来分析。和前面的假定相同的是，存在两区域（O、O^*）和两要素

（L、K），不同的是假定存在两部门（X、Y）且 X 部门能生产相异产品，Y 部门不能。同样有平行四边形 OQO^*Q'。也同样假设要素禀赋分布点是位于对角线 OO^* 上方的点 E，并过 E 点做一条斜率为 $-\omega_L/\omega_K$ 的直线和 OO^* 相较于 C 点。假设 x 是 X 部门中典型产品的产出水平，X 和 X^* 分别为本区域和另一区域 X 部门的总产出水平，那么本区域生产的相异产品品种为 $n = X/x$，外国为 $n^* = X^*/x$，且 $n + n^* = \bar{n} = \bar{X}/x$。从图 5-6 可见，在存在多样化产品的背景下，本区域在流出 n 种的同时会流入 n^* 种 X 部门产品，且流出数为 s^*nx，流入的数量为 sn^*x（s 为本区域收入占全世界的比重），这就意味着存在产业内贸易。同时，受要素禀赋的影响，资本相对丰裕的本区域是资本相对密集的 X 部门的净流出方，是 Y 部门的流入方，外国反之，也就是两区域依然进行着产业间贸易（见图 5-9）。如果 Y 部门也生产相异产品，且要素禀赋点仍然位于 E（非对角线上的点），则 Y 部门也同时存在产业间贸易和产业内贸易。与此同时，要素禀赋点处于对角线上，即两区域要素禀赋相同时，那么将不存在产业间贸易，而只剩下产业内贸易。

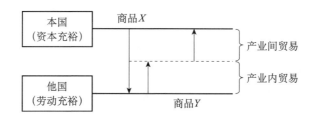

图 5-9　报酬递增时的贸易模式

资料来源：克鲁格曼，奥伯斯法尔德．黄卫平等译．国际经济学：理论与政策（第八版）[M]．北京：中国人民大学出版社，2011：124.

综上所述，在报酬不变和完全竞争的环境里，通过贸易使一体化经济复原的条件在于要素禀赋差异，若 E 点是对角线 OO^* 上的点，即不存在要素禀赋差异，则不会出现贸易，就不能复原商品和要素完全流动的一体化经济。且要素禀赋差异导致两区域进行的是不同商品的单向贸易，即产业间贸易，而不是产业内贸易。可见，在报酬不变和完全竞争的环境里，要素禀赋差异是贸易模式的关键性决定因素。但在报酬递增和不完全竞争世界中，通过贸易使一体化经济复原的条件不仅在于要素禀赋差异，还在于产品差异，且后者是产业内贸易的关键性决定因素。由此可见，市场结构和规模经济对贸易模式具有重要的意义，而要素禀赋差异和产品差异更是对贸易模式起着决定性作用。

三、小结

无论是从中观的产业来看，还是从微观机制来说，区域差异对区际贸易模式的演进至关重要性。区域差异，包括技术差异、要素禀赋差异、经济规模差异和收入差异或需求差异等和市场分割一道推动着区际贸易模式的历史车轮滚滚向前。如此，得出以下假说。

假说2：区域差异会影响区际贸易模式演进，且区域差异越大，则产业间贸易水平就越高，反之，则产业内贸易水平就越高。

第四节　市场分割的测度和特征化事实

一、市场分割度量的方法选择

在此有必要参考本书的研究目的而选取适合的方法来度量市场分割的程度，为下面的特征事实和第六章的实证检验夯实基础。

（一）现有方法

从现有研究来看，国内外学者采用多种方法对市场分割进行了度量，陈敏等（2007）、刘刚（2010）就这些方法进行了总结，主要包括：生产结构法、贸易流量法、经济关联性法和价格指数法，具体如下。

生产结构法。一些学者使用该方法的逻辑在于，市场分割程度越低，则资源和商品流动性越强，从而依赖于资源和商品自由流动的专业化分工和生产结构差异就越明显。因而，便可以透过生产结构来反观市场分割程度。正是有着这种逻辑的支撑，杨（2000）大胆地使用该方法对中国市场分割进行了探索，得出，中国区域经济分割日益严重。从该方法使用的逻辑思路来看，它显然存在缺陷，即造成生产结构差异因素很多，由它反观市场分割程度有失偏颇，毕竟它与市场分割并无必然和直接的正相关关系。

贸易流量法。此方法直接通过测算一国内部区际贸易流量来反映它的市场分割程度。使用该方法典型的例子是诺顿（Naughton，1999）和庞赛特（Poncet，2002）。前者基于省级投入产出表测算出 1987 年和 1992 年中国的省际工业品贸易流量，并对两年进行对比，发现中国省际贸易流量有所增长，且以产业间贸易为主，这与全国市场一体化进程是相协调的。后者在诺顿的基础上增添了 1997 年的数据，得出了相似的结论。贸易流量法是一种较为直接的度量市场分割程度的方法。但是，正如第三章所言，区际贸易数据的获得相当困难，即便能获得，也是不连续的数据，因此可操作性不强，同时，和生产结构法一样，市场分割程度依然不是影响贸易流量的唯一因素，所以二者并不存在着必然的关系。此外，该方法不适合本研究使用，因为我们的被解释变量是用区际贸易流量计算而得的区际贸易模式。

经济关联性法。针对生产结构法和贸易流量法的不足，一些学者开始用经济周期和生产可能性边界来测度市场分割程度。使用该方法典型的例子是许心鹏等（2002）、郑毓盛和李崇高（2003）。前者使用经济周期来考察中国的市场分割程度，其具体做法是测算各区域经济周期的相关程度，如果相关程度高，意味着经济的同步性和互动性较高，则市场分割程度较低，研究结果显示，中国国内市场分割的程度较高，但有改善的趋势。后者从生产可能性前沿出发，得出中国市场分割的负面影响越来越强烈。也不例外，经济关联性法不能直接反映市场分割的程度。

价格指数法。这种方法透过各区域间商品价格差异的变化来考察市场分割状况。前三种方法都因其内在的缺陷而受到诸多诟病，而价格指数法是一种度量市场分割的较为直接的方法，它因理论基础扎实、数据可得性强、连续性好等优点而备受国内外学者的青睐，诸如弗兰克尔和罗斯（Frankel and Rose，1996）、帕斯利和魏尚进（Parsley and Wei，1996；2001a；2001b）、桂琦寒等（2006）、陈敏等（2007）、贺灿飞和马妍（2014）以及万伦来等（2009）都采用了该方法。鉴于此，笔者拟运用价格指数法来测度市场分割程度。

（二）本研究采用的度量方法：价格指数法

价格指数法构建的基石是萨缪尔森（P. Samuelson，1954）提出的"冰山成本理论"，该理论否定了一价定律（Law of one Price），认为由于运输成本的存在，即便是两个不存在市场分割的区域，同一商品的价格在两区域也可能并不相等，而是在一定区间内波动。以 A、B 两区域为例，假定某种商品的价格在 A 地为 P_A，在 B 地为 P_B，由于运输成本等的存在，$P_A \neq P_B$ 是常情，而只要相对价格 P_A / P_B 的取值处于一定的区间范围之内，都可认为两区域之间市场是整合的。

那么如何衡量市场分割程度呢？具体而言，价格指数法需要三维（T × R × G）数据，其中，T 为时间，R 为区域，G 为商品。我们借鉴帕斯利和魏尚进（Parsley and Wei，1996；2001a；2001b）采用的相对价格方差来进行度量，即将被观测区域 A、B 与时间 T 固定，算出两区域在给定时期各类商品之间价格变动平均值的方差，具体公式如下：

$$MS_{ABT} = Var(P_{AT}^G / P_{BT}^G) \tag{5-1}$$

其中，MS 代表市场分割，A、B 为区域，T 为年份，G 为商品。就本研究而言，区域选择和观察年份都如前文所言，前者为 28 个省份，后者为 1987 年、1992 年、1997 年、2002 年、2007 年、2012 年和 2017 年。值得注意的是，在这儿需要做两点说明：一是笔者拟求出的是 7 年来 28 个区域两两之间的相对价格方差，而非邻省市场分割。诸如桂琦寒等（2006）的研究都是选择邻省作为分析对象，因为他们研究的是市场分割程度，故只需要得到邻省市场分割状况，便可推及全国，也因为他们要剖析市场分割的非地理影响因素，或者说人为的、可控的因素，故不考虑地理位置不相邻的区域，毕竟对于这些区域而言，地理因素很可能是造成市场分割的天然屏障。但是，本研究中的市场分割是区际贸易模式的影响因素之一，作为区域之所以成为区域的原因，作为区际贸易存在的必备条件，它理应囊括非地理因素和地理因素造就的所有市场分割情形，这样才能不失偏颇，且更好地为研究目的服务。二是商品选择的问题。虽然现有商品种类繁多，但考虑到数据的可获得性和连续性，桂琦寒等（2006）、万伦来等（2009）所选取的商品种类大都为 9 类，即粮食、鲜菜、饮料烟酒、服装鞋帽、日用品、文化体育用品、书报杂志、中西药品以及燃料，因此，笔者借鉴此做法，再根据 1987 年后商品种类划分的变化，确定选择粮食、鲜菜、烟酒茶、衣着、日用品、文化娱乐用品、书报杂志、药及医疗用品以及燃料 9 类，它们的基础数据为《中国统计年鉴》中的分地区商品零售价格指数。

二、中国市场分割的特征事实

事实上，有关中国市场分割的发展态势问题一直是相关实证研究争论的焦点，有的人称中国的市场分割非常严重（如 Young，2000），有的人却认为中国的市场分割并不严重（诸如 Naughton，2000；Park and Du，2003；白重恩等，2004），还有的人又秉持的是中国的市场分割有所改善，但仍比较严重的观点（比如李善同等，2004），总之，莫衷一是。从市场分割的影响因素而言，它包括自然因素和非自然因素，前者是难以人为左右的，且在中华人民共和国成立以前，自然因素对中国区域经济（包括市场分割）起着决定性作用（陈敏等，2007），而后者主要是政府行为，它在新中国成立以后成为影响市场分割的主力。因此，对中国市场分割的发展趋势，我们可以从中国的政府区域经济行为，如区域经济发展策略演变中窥探一二。

新中国成立以后到改革开放之前，我国实行计划经济体制，中央集权的计划经济管理在一定程度上抑制了地方保护主义，而促成了各区域间较为稳定的分工关系，即东部地区主要生产和输出加工制成品，中西部地区生产并输出能源、原材料和初级产品。但过于集中的计划经济还是经不住考验，问题凸显，尤其是它降低了经济效率以及地方政府的积极性。为此，我国实行行政性分权，使之与中央计划相匹配，但事与愿违。伴随矛盾凸显，我国于1978 年开始了伟大的改革开放，并在经济改革方面破除传统的计划经济体制而引入市场机制，使之与行政性分权相契合，也意图建设一个各种生产要素和商品自由流动的全国性统一市场。经过多年的努力，我国市场化程度日益加深，但应了那句"道路是曲折"的理，这一切非但没有改变市场分割，反而助长了其火焰。市场经济体制下为何依然存在市场分割呢？

究其根本，在于分权体制，尤其是财政分权体制的背景下，地方政府拥有了发展地方经济和通过市场分割来保护和扶持本地产业（尤其是幼稚产业和弱势产业）的积极性，"诸侯经济"有了孕育的温床，市场分割气焰自然嚣张。各区域间一度出现了轰轰烈烈的囊括一百多种类型的原料大战，包括"烟叶大战""生猪大战""羊毛大战""蚕茧大战"等（张可云，2001）。这种对资源的争斗导致了中间产品和最终产品的价格轮番上涨，价格严重扭曲。

但各区域非但没有因此消停，反而为了防止本地资源的流出以及外地商品的流入，变本加厉地采用行政甚至法律的手段建关设卡，进行市场封锁，最终造成了各区域"大而全"或"小而全"的工业体系，产业结构极其相似。市场分割可见一斑！而这种程度的市场分割无疑和20世纪八九十年代我国区际贸易水平的相对下降以及外贸的发展快于内贸息息相关。

实际上，改革开放伊始，我国市场分割的现象初显，就引起了中央的高度重视，并采取了诸多措施来缓解市场分割及其带来的不利。如1993年，我国出台《中华人民共和国反不正当竞争法》，对地方保护做了禁止性规定；2001年，国务院在北京召开全国整顿和规范市场经济秩序工作会议，市场分割问题便是其讨论重点之一，同年颁布《国务院关于禁止在市场经济活动中实行地区封锁的规定》；2008年，我国开始实行《中华人民共和国反垄断法》；诸如此类。尽管中央政府颇为努力地解决改革开放以来出现的市场分割问题，致力于建立全国统一市场，可是地方政府的行政垄断和地区封锁政策依然能随处可见，贸易壁垒犹在，市场分割犹存，也就有了学者们对市场分割态势是否改善的莫衷一是的观点和看法。究竟市场分割态势如何呢？

为了一探究竟，笔者按照价格指数法，对观察年份中国28个区域两两间的市场分割程度进行了测算，基于此数据，对各区域的市场分割程度进行比较并对全国及各区域市场分割趋势进行描述。

首先计算28个区域各观察年份相应的价格指数平均值，同时，在此平均值的基础上计算出所有观察年份的平均值并对之进行排序，以比较各区域1987~2017年的市场分割程度，如表5-3所示。可以看出，比较结果呈现以下特点：一是就观察年份整体而言，北京、上海和天津的市场分割程度分别高居第一、第二和第三，这与其直辖市的特殊身份密切相关，同时，排前10位的区域中，60%为东部省份，排第11~20位的区域中，60%为中部省份，排第21~28位的区域中，全为中西部省份，可见，东部地区的市场分割程度大于中西部地区，这与东部地区较强的自给自足能力和优越的投资环境息息相关；二是从1987年来看，排前10位的区域中，40%为西部省份，排第11~20位的区域中，40%为东部省份，排第21~28位的区域中，50%为中部省份，这表明早期西部地区的市场分割程度相对较高；三是从2017年来看，排前10位的区域中，东部和西部省份各占40%，排第11~20位的区域中，同样是东部和西部省份各占 40%，排第 21 ~ 28 位的区域中，75% 为中部省份，这意味着近期东部和西部的市场分割程度相对较高；四是从纵向来看，相较于 1987 年，2017 年各区域的市场分割程度排名大都经历了显著的变化。

表 5 - 3　　　　　　　　　　各区域市场分割程度比较

地区	观察年份均值	排序	1987 年	排序	2017 年	排序
北京	0.0064	1	0.0013	18	0.0005	12
天津	0.0036	3	0.0017	14	0.0008	2
河北	0.0016	27	0.0013	20	0.0004	15
山西	0.0015	28	0.0012	24	0.0003	28
内蒙古	0.0018	22	0.0011	26	0.0003	21
辽宁	0.0018	20	0.0025	6	0.0005	7
吉林	0.0018	21	0.0015	15	0.0004	17
黑龙江	0.0021	16	0.0022	9	0.0004	14
上海	0.0036	2	0.0012	23	0.0003	23
江苏	0.0022	14	0.0011	27	0.0005	8
浙江	0.0035	5	0.0044	2	0.0004	19
安徽	0.0030	7	0.0018	12	0.0003	27
福建	0.0035	4	0.0028	3	0.0005	9
江西	0.0016	26	0.0009	28	0.0006	6
山东	0.0020	17	0.0014	16	0.0003	26
河南	0.0019	18	0.0018	11	0.0003	24
湖北	0.0019	19	0.0012	25	0.0003	25
湖南	0.0023	11	0.0024	7	0.0004	22
广东	0.0032	6	0.0063	1	0.0004	20
广西	0.0017	24	0.0025	5	0.0004	18
四川	0.0025	9	0.0026	4	0.0005	10
贵州	0.0022	13	0.0017	13	0.0006	5
云南	0.0021	15	0.0020	10	0.0006	4

续表

地区	观察年份均值	排序	1987 年	排序	2017 年	排序
陕西	0.0018	23	0.0012	21	0.0004	16
甘肃	0.0017	25	0.0013	17	0.0005	11
青海	0.0023	12	0.0013	19	0.0005	12
宁夏	0.0024	10	0.0023	8	0.0011	1
新疆	0.0026	8	0.0012	22	0.0006	3

资料来源：1987～2017 年《中国统计年鉴》。

对于市场分割程度变化趋势而言，如图 5－10 所示，全国市场分割程度经历了一个先上升（20 世纪 80 年代末 90 年代初陡然上升）后下降的发展过程，东部、中部、西部的变化趋势和全国一致，且从整体来看，东部地区的市场分割程度高于东西部。从各区域的市场分割程度来说，如图 5－11 所示，它呈现出以下特点：大多数区域的变化趋势并不显著，尤其是（21）～（28）所示区域，即四川、贵州、云南和新疆等西部地区；当然，也有区域变化幅度较大，比如内蒙古（5）、吉林（7）、黑龙江（8）、江苏（15）和河南（16）；此外，总体而言，大多数区域的市场分割程度具有下降的趋势。

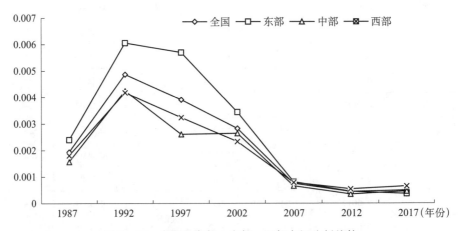

图 5－10　全国及东部、中部、西部市场分割趋势

资料来源：1987～2017 年《中国统计年鉴》。

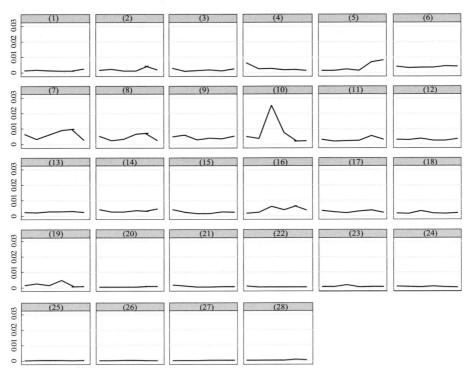

图 5－11　各区域的市场分割趋势

注：① （1） ~ （28） 分别代表北京、天津、河北、山西、内蒙古、辽宁、吉林、黑龙江、上海、江苏、浙江、安徽、福建、江西、山东、河南、湖北、湖南、广东、广西、四川、贵州、云南、陕西、甘肃、青海、宁夏、新疆。②每张小图的横轴表示年份，且刻度和最下面一排一致；纵轴表示市场分割程度，刻度和最左边一列一致。

资料来源：1987 ~ 2017 年《中国统计年鉴》。

第五节　区域差异各因素的测度

在此需要特别说明的是，虽然第四章考察了单个产业的区际贸易模式演进特征和趋势，但是在驱动因素部分，对之不做单独分析，本研究主要关注区域整体区际贸易模式，这主要是因为区域整体 G－L 指数的计算是基于单个产业的 G－L 指数，也就是说只做整体分析，而不做部分分析。因此，下面即将分析的区域差异各因素都是站在整个区域的视角考虑的具有区域整体特征而不直接体现产业特征的因素，比如实际上是区际贸易模式重要影响因素的规模经济和市场结构等，在此将不作为单独的因素列出，但这并不代表其不重要。

鉴于本书的研究目的，同时考虑数据的可获得性，笔者把区域差异的重心定位于技术差异、要素禀赋差异、经济规模差异、需求差异和产品差异，前两者作为传统贸易理论的核心，后两者作为新贸易理论的关键，无疑是区域差异的重中之重。

此外，衡量地区差距的指标很多，主要包括绝对差距、相对差距、总和差距三大类。其中，地区间的两两对比主要是运用绝对差距指标和相对差异指标，前者主要指绝对离差，后者主要有相对比率，其公式分别为：

$$D = Y_i - Y_j \tag{5-2}$$
$$d = Y_i / Y_j \tag{5-3}$$

其中，Y_i 和 Y_j 为比较内容，i 和 j 为参比区域。

本研究主要运用绝对离差对区域差异进行了度量。

一、技术差异

传统贸易理论主要认为技术差异是导致比较优势差异的基础之一，它在区际贸易模式演进方面发挥着极其重要且不可替代的作用。

笔者利用专利授权数这个指标来代表科技发展水平，用两区域专利授权数差的绝对值来反映它们之间的科技发展水平差异。各省份观察年份的专利授权数量的基础数据来源于中国经济与社会发展统计数据库。

二、要素禀赋差异

源于 H – O 模型的要素禀赋对贸易模式的影响不言而喻，通常，要素禀赋差异越小，则两个经济体间产业内贸易比重就越大，反之则产业间贸易比重就越大。

作为经济活动的客观基础，生产要素是生产活动所必须具备的主要因素或者主要投入，它既包括土地、劳动、资本、技术、知识和制度等经济要素，又包含自然要素等非经济要素。而要素禀赋就是指某一经济体的生产要素拥有情况。关于要素禀赋的测度，现有文献已较为完整地对之进行了分析，如李敏纳等（2011）建立了一个涵盖自然、人力资源、物质资本、科技、结构和制度的综合而全面的要素禀赋指标体系。从已有文献不难看出，相关的测度大都是根据文章的研究目的而定，考虑到笔者旨在窥探区际贸易模式的影响因素，因此回归到最初，即 H－O 理论中对要素禀赋的定义：两种生产要素之间的相对比率，笔者选用资本和劳动之间的相对比率（K/L）以及土地与劳动之比（E/L，姑且称为人均土地面积）来代表要素禀赋，用它们在两区域间的差的绝对值来代表要素禀赋差异。其中，土地用总面积表示，其数据来源于《中国统计年鉴》；而劳动的测度方面，借鉴李敏纳等（2011）的做法，取上年年底从业人员数与本年年底从业人员数的平均值，即年均从业人员数量，作为劳动力投入量，其数据来源为各省统计年鉴；资本的测度稍显复杂，鉴于我国流动资本数据的缺乏，因此现有研究往往使用固定资本存量来代表资本禀赋，基于此，本研究也采用固定资本存量来代表各区域资本禀赋，并用永续盘存法（Perpetual Inventory Method，PIM）对之进行核算。

永续盘存法是由戈德史密斯（Goldsmith，1951）提出，并逐渐成为一种国际上较为广泛使用的方法。遗憾的是，我国并没有采用永续盘存法核算的资本存量统计数据，采用的却是没有考虑资本品相对效率变化的固定资产原值和固定资产净值这两项指标来测度的资本存量，但该数据在考察要素禀赋问题时显得力不从心。因此，本研究有必要使用永续盘存法对资本存量进行度量，其计算公式如下：

$$K_t = K_{t-1}(1 - \delta_t) + I_t \tag{5-4}$$

其中，K_t 和 K_{t-1} 分别为一个区域在第 t 年和（$t-1$）年的资本存量；I_t 为该区域在第 t 年的总投资；δ_t 为折旧率。从现有研究来看，许多学者尝试过用该方法进行度量，但结果不尽相同且差强人意，问题的关键在于第 t 年的总投资的确定，资本品价格指数的构造，基期资本存量的确定以及折旧率的选取。纵观现有文献，笔者借鉴广为使用的张军等（2004）的做法，以固定资本形成总额为当年总投资，以《中国统计年鉴》公布的固定资产投资价格指数为资本品价格指数（其中 1987 年例外，因缺乏统计数据，故用投资隐含平减指数代替），以 1952 年为基期，并以各省份 1952 年固定资本形成额除以 10% 作为基期的资本存量，以 9.6% 为折旧率，来估计 1952～2017 年的各省份资本存量。

三、经济规模差异

传统贸易理论主要认为技术差异和要素禀赋是导致比较优势差异的基础，二者在区际贸易模式演进方面发挥着极其重要且不可替代的作用。但当两个经济体的技术和要素禀赋极其相似时，比较优势便主要来源于规模经济。规模经济作为出现于新贸易理论中的高频词，在区际贸易模式演进上起着非凡的作用，它使得专业化分工进一步加强，提高劳动者的熟练程度和生产效率，在同一产业内存在大量差别产品系列和面对不完全市场结构的情形下，必然会推动产业内贸易发展，打破产业间贸易独霸的贸易模式局面，甚至使产业内贸易一跃成为主要的贸易模式。

规模经济虽然重要，但鉴于本研究考虑的是区域整体情况，因此不对单个产业的规模经济进行衡量，而是考虑两区域经济规模的差异。通常，一国经济发展水平与工业化程度越高，产业内贸易发展就越快。而且大部分经验研究都发现，尽管样本、汇总水平和估计方法不同，收入水平和工业化阶段相似性都有利于促进产业内贸易的发展。同时用两区域的地区生产总值之差的绝对值来代表经济规模。各省份观察年份的地区生产总值数据来源于中国经济与社会发展统计数据库。

四、需求差异

1961 年，瑞典经济学家林德（Linder）的《论贸易与转变》问世。在该著作中，林德认为，已有的无论是传统贸易理论，还是新贸易理论，它们几乎都把焦点放在了供给方面，而忽视了需求对贸易及其模式的影响，这是一大缺憾，因此，他把焦点转移至需求，从需求方面探讨了贸易模式，尤其是产业内贸易的成因，提出了著名的需求偏好相似理论（Theory of Preference Similarity）。此理论不仅认为经济体间的贸易是由需求因素决定，更进一步地提出需求情况由人均收入水平决定。收入水平不同，则消费者的偏好不同，其需求结构也不同。因此，两经济体的人均收入水平越接近，则它们的需求结构就越相似，进而产品结构就越类似，故而相互间进行贸易的可能性就越大，尤其是产业内贸易。

所以，实际上人均收入水平和需求对区际贸易模式的影响殊途同归。基于此，笔者将运用人均收入水平来代表需求。这点并不突兀，我们知道，除了林德，诸如斯通（Stone，1997）等众多学者已更为直接地提出人均收入水平是影响贸易模式，尤其是其中的产业内贸易的重要区域性因素，他们认为人均收入差距越大，经济体间的需求差异越大，产业间贸易水平就会越高，反之则产业内贸易水平越大。同时，各省份观察年份的人均地区生产总值数据来源于中国经济与社会发展统计数据库。

五、产品差异

传统贸易理论假设产品是同质的，但现实世界中却是产品千差万别的存在，即产品差异几乎是常态。所谓产品差异，它主要体现于同类产品的材料差别、质量性能差别、规格型号差别、色彩及商标的差别、包装差别、广告差别、服务差别以及企业形象和信誉的差别等。

产品差异对贸易模式的影响，在大多数的研究中，表现为产品差异越大，则产业内贸易水平越高，产业间贸易水平越低，反之亦然。关于产品差异的度量，研究者常常使用广告支出在销售额中所占比重、专业技术人员在总就业人员中所占比重、注册商标数量、研发支出水平以及利润的标准差等指标，这些指标越高，则产品差异化程度就越高。笔者使用注册商标数量和研发（R&D）人员数量在总就业人员数量中所占比重来代表产品差异程度，其中，注册商标数量的基础数据来源于《中国商标战略年度发展报告（2008）》和《中国商标战略年度发展报告（2012）》，研发（R&D）人员数量来源于《中国科技统计年鉴》。

第六节　本章小结

此章从现有文献和理论中甄别出区际贸易模式演进的两大影响因素——市场分割和区域差异，着重就二者对区际贸易模式演进的影响进行了理论分析，并梳理了各因素的度量方法。市场分割作为贸易的闸门，它直接影响运输成本、商品价格等多种与贸易模式密切相关的因素，其重要性可见一斑；技术差异、要素禀赋差异、经济规模差异、需求差异和产品差异等区域差异因素联袂通过中观机制和微观机制驱动着区际贸易模式演进。由于现有区际贸易模式研究文献的匮乏，此章的分析在很大程度上借鉴了国际贸易模式的相关研究，有失偏颇，因此有必要就市场分割和区域差异对区际贸易模式演进的影响进行实证检验，以期夯实事实根基。同时需要注意的是，区域差异中的技术差异和产品差异主要影响的是单个产业的区际贸易模式演进，因此，其对整体区际贸易模式演进的影响可能会被抵消掉而不显著，但未必一定会抵消，有待检验。

第六章

区际贸易模式演进的驱动因素：实证检验

从第五章中可以看出，市场分割和区域差异是区际贸易模式动态演进的众多驱动因素中的重中之重。为了更加科学和准确地分析市场分割和区域差异对区际贸易模式产生了多大的影响，笔者将在本章利用中国数据对之进行实证检验。

本章的结构安排为：第一节是数据说明和计量模型的构建，其中包括变量说明；第二节是全部区域的计量结果及分析；第三节是加入控制变量的进一步分析；第四节是分区域的计量结果及分析；第五节是本章小结与政策启示。

第一节　数据说明与计量模型的构建

一、数据说明

本研究利用中国28个省份（不包含港、澳、台和西藏，海南和重庆分别并入广东和四川）7年的面板数据（短面板）就区际贸易模式演变的影响因素进行研究，着重考察市场分割和区域差异的作用。该面板数据的结构如表6-1所示，截面维度为756（27×28），每个个体表示的是区域组合，时间维度为7，共包含5 292（7×27×28）个观察值，是明显的"大 n 小 t"短面板数据（short panel），且是每个时期个体完全一样的平衡面板数据（balanced panel）。

表6-1　　　　　　　　　　　　　　数据结构

code	region couple	year	GL	ms	D
1	$a \rightarrow b$	1987			
2	$a \rightarrow b$	1992			
3	$a \rightarrow b$	1997			

续表

code	region couple	year	GL	ms	D
4	$a \rightarrow b$	2002			
5	$a \rightarrow b$	2007			
6	$a \rightarrow b$	2012			
7	$a \rightarrow b$	2017			
……	……	……	……	……	……
5 286	$B \rightarrow A$	1987			
5 287	$B \rightarrow A$	1992			
5 288	$B \rightarrow A$	1997			
5 289	$B \rightarrow A$	2002			
5 290	$B \rightarrow A$	2007			
5 291	$B \rightarrow A$	2012			
5 292	$B \rightarrow A$	2017			

注：region couple 表示个体（区域组合），$a \rightarrow b$ 为个体1，$B \rightarrow A$ 为个体756；GL 为被解释变量，ms 和 D 分别为解释变量市场分割和区域差异变量组合。

二、计量模型构建

为了实证检验市场分割和区域差异对中国区际贸易模式演进的影响，将第五章所述各因素综合起来，构建一个静态的面板计量模型，模型如下：

$$GL_t^{ab} = \beta_0 + \beta_1 \, ms_t^{ab} + \sum_j \gamma_j \, D_t^{ab} + \theta E + u_t^{ab} \qquad (6-1)$$

其中，下标 t 和 j（$j=1$，2，…，6）分别表示年份和区域差异因素，上标 a 和 b 都表示区域（即28个省份），a 为报告区域，b 为伙伴区域；β_0 为常数项；GL_t^{ab} 为格鲁贝尔—劳埃德指数，反映 t 年 a 区和 b 区的区际贸易模式；ms_t^{ab} 表示 t 年 a 区和 b 区的市场分割程度；D_t^{ab} 为自变量组合，表示区域差异，包括代表技术差异的两区域专利授权数之差的绝对值（d_tech）、要素禀赋差异的两区域资本密集度之差的绝对值（d_kl）和土地/劳动比之差的绝对值（d_el），代表经济规模差异的两区域国内生产总值之差的绝对值（d_gdp），代表产品差异的两区域注册商标数量之差的绝对值（d_tm）和研发人员占总就业人员比重之差的绝对值（d_rd），代表需求差异的两区域人均收入水平之差的绝对值（d_income）；E 为其他影响区际贸易模式的控制变量，为了避免遗漏变量问题；β_0、β_1、r_j 和 θ 是待估计的参数，其中 β_1、r_j 由于 $Market_t^{ab}$ 和 D_t^{ab} 是核心解释变量而成为被关注的核心参数；u_t^{ab} 为随机误差项，笔者运用多因素误差，即：

$$u_t^{ab} = \mu^{ab} + \delta_t + \varepsilon_t^{ab} \qquad (6-2)$$

这里，μ^{ab} 和 δ_t 分别表示不可观测到的个体效应与时间效应，其存在是为了解决不随时间而变但随个体而变的遗漏变量问题以及不随个体而变但随时间而变的遗漏变量问题；ε_t^{ab} 是随机误差项，$E(\varepsilon_t^{ab}) = 0$，$Var(\varepsilon_t^{ab}) = \sigma^2 > 0$。

模型中的变量分为三种类型。

一是被解释变量，该模型旨在运用中国数据来验证推动区际贸易模式演进的因素，因此，被解释变量为区际贸易模式。如前文所述，关于区际贸易模式的测度方法，笔者采用的是 G-L 指数，具体而言是第一类整体 G-L 指数（详见第四章第二节），它在中国范围内把各省看作一个区域单位，研究两区域间的贸易模式。其取值范围为 [0, 1]，以 0.5 为临界值，若两区间 G-L 指数小于 0.5，则它们之间的贸易模式以产业间贸易为主，当它等于 0 时，则完全是产业间贸易，没有产业内贸易；反之，若小于 0.5，则以产业内贸易为主，当等于 1 时，则完全的产业内贸易，没有产业间贸易。

二是核心解释变量，包括市场分割和区域差异。它们的度量方法详见第五章。无论是对区际贸易还是对区际贸易模式而言，市场分割无疑是一个非常重要的影响因素，第五章的分析可见，市场分割程度越高，产业间贸易水平越高，产业内贸易水平越低，也即 G-L 指数值越小，因此，预期 β_1 的符号为负。区域差异对区际贸易模式的影响前文已有说明，此处亦不再赘述，笔者旨在验证是否"区域差异越大，区际产业间贸易量就越大；区域越相似，区际产业内贸易量就越大"，而本研究考察的区域差异它包括技术差异、要素禀赋差异、经济规模差异、产品差异和需求差异，并分别以贸易双方的专利授权数之差（d_tech）、资本/劳动比之差（d_kl）和土地/劳动比之差（d_el）、国内生产总值之差（d_gdp）、注册商标数量之差（d_tm）和研发人员占总就业人员比重（d_rd）、人均收入水平之差（d_income）的绝对值表示，预期各自对应的参数 r_1、r_2、r_3、r_4、r_5、r_6 和 r_7 的符号均为负。

三是控制变量。参考现有研究，笔者加入报告区域经济规模作为控制变量，以避免遗漏重要解释变量带来的偏误。用报告区域国内生产总值的大小来表示报告区域经济规模（ $agdp$ ）。在核心变量中，笔者将国内生产总值之差作为区域差异之一，但是却没有囊括报告区域的经济规模水平对区际贸易模式的影响。通常来说，GDP 总额较大的区域，其产业内贸易水平往往高于GDP 总额较小的区域，产业间贸易水平反之。赫尔普曼（Helpman，1987）对 1970 ~ 1981 年 12 年间的 14 个工业化国家进行检验的结果表明，GDP 总额与产业内贸易水平之间都呈正相关关系。因此，预期估计系数符号为正。主要变量的描述性统计如表 6 – 2 所示。

表 6 – 2　　　　　　　　　　主要变量的描述性统计

变量类型及名称	变量符号	变量含义	观测数	均值	标准差	最小值	最大值
被解释变量							
格鲁贝尔—劳埃德指数	GL		5 292	0.43	0.17	0.0005	0.90
解释变量（市场分割）							
市场分割程度	ms	运用价格指数法计算而得	5 292	0.003	0.005	0.00003	0.03
解释变量（区域差异）							
技术差异	d_tech	专利授权数差的绝对值（个）	5 292	12 470	35 431.87	0	319 518
要素禀赋差异	d_kl	资本/就业人数差的绝对值（亿元/万人）	5 292	1.71	2.86	0.00009	19.11
	d_el	土地/劳动差的绝对值（平方公里/万人）	5 292	458.07	847.52	0.062	3 768.00
经济规模差异	d_gdp	GDP 差的绝对值（亿元）	5 292	5 132.72	8 521.07	1.75	59 129.32
需求差异	d_income	人均 GDP 差的绝对值（元）	5 292	8 388.31	13 671.61	0.52	73 662.98

续表

变量类型及名称	变量符号	变量含义	观测数	均值	标准差	最小值	最大值
产品差异	d_rd	注册商标数量差的绝对值（个）	5 292	0.047	0.0558	0.000001	0.37
	d_tm	研发人员数/就业人数差的绝对值（%）	5 292	11 382.8	22 318.67	0	163 787
控制变量							
报告区域经济规模	$agdp$	报告区域的 GDP（亿元）	5 292	6 696.43	9 756.76	40.43	89 879

第二节　全部区域的计量结果及分析

这章旨在通过实证方法对区际贸易模式动态演进的影响因素进行验证，而笔者主要关注的是市场分割和区域差异这两个影响因素。因此，具体来说是在验证：一是市场分割程度的增强会提高产业间贸易水平，降低产业内贸易水平；二是区域差异越大则产业间贸易水平越高，产业内贸易水平越低。

静态面板数据模型中最基本和最常用的回归模型（或方法）是混合回归模型（pooled OLS）、固定效应模型（fixed effect）和随机效应模型（random effect）。其中，混合回归模型假设所有个体是同质的，不考虑个体效应；固定效应模型和随机效应模型都考虑了个体效应，但前者假设 μ_{ab} 和 δ_t 是待估计的固定参数，后者假定 μ_{ab} 和 δ_t 是随机的，同时服从某一分布，并相互独立。因此，三种模型估算结果可能存在差异，混合回归模型的参数值会受到组内效应（within effect）和组间效应（between effect）的共同作用；固定效应模型的参数值虽摆脱了组间效应的干扰，但仍然会受到组内效应的影响；随机效应模型的 μ_{ab} 和 δ_t 若不服从正态分布，则估计结果依然会受到两种效应的影响。鉴于此，笔者将首先运用这三种模型进行估计，然后对估计结果进行比较并加以取舍，从而选出最适合的模型。

采用三种模型进行回归，结果如表 6-3 所示，从中可以看出，无论是混合回归模型还是固定效应模型，其回归得到的 F 统计量的 p 值都等于

0.0000，而随机效应模型的 Wald chi2 检验的 p 值也等于 0.0000，这意味着回归得到的方程整体上是非常显著的。

表 6－3 面板数据的回归结果

变量	混合回归 OLS	单向固定效应 FE	双向固定效应 FE_TW	随机效应 RE
ms	−0.515*	−0.434*	−0.158*	0.426
	(−0.69)	(−0.92)	(−0.23)	(0.80)
d_tech	−0.000000231**	6.17e−08	−0.000000122*	0.000000120
	(−2.61)	(1.02)	(−2.61)	(1.68)
d_kl	0.00145	−0.00368**	−0.00236***	−0.00178*
	(0.79)	(−2.29)	(−1.42)	(−1.25)
d_el	−0.0000474***	−0.00000341	−0.0000123*	−0.0000410***
	(−11.29)	(−0.34)	(−1.10)	(−10.22)
d_gdp	0.00000172***	0.000000123	−0.000000704	0.000000151
	(3.39)	(0.31)	(−1.67)	(0.47)
d_income	−0.000000147	0.00000134***	−0.000000795**	0.000000783**
	(−0.35)	(3.80)	(−2.37)	(2.50)
d_rd	0.280***	−0.00678*	−0.241***	0.0869
	(4.76)	(−0.13)	(−4.28)	(2.06)
d_tm	−0.000000660***	7.08e−08	−0.000000118	−8.55e−08*
	(−4.02)	(0.63)	(−0.96)	(−0.79)
常数项	0.340***	0.331***	0.311***	0.339***
	(59.21)	(58.01)	(39.37)	(66.76)
F 统计量	32.68***	5.55***	22.91***	
	(0.0000)	(0.0000)	(0.0000)	
Wald chi2（8）				156.10***
				(0.0000)
样本数	5 292	5 292	5 292	5 292
R^2	0.1120	0.0114	0.0970	0.0075
Hausman test				44.73***
				(0.0000)

注：***、**、* 分别表示在 1%、5%、10% 的水平上显著；固定效应模型和随机效应模型的 R^2 取的是组内（within）R^2；本研究运用的计量软件为 stata11.0（进行过异方差处理）。

对于各个变量的显著性而言，混合回归模型下显著的变量有市场分割（ms）、技术差异（d_tech）、要素禀赋中的人均土地差异（d_el）、经济规模差异（d_gdp）以及产品差异（d_tm 和 d_rd）；单向固定效应模型下显著的变量是市场分割、要素禀赋中的资本密集度差异（d_kl）、需求差异（d_income）和产品差异（d_rd）；双向固定效应模型下显著的为市场分割、技术差异、要素禀赋中资本密集度差异和人均土地差异、需求差异和产品差异；随机效应模型下显著的包括资本密集度差异、人均土地差异、需求差异和产品差异（d_rd）。可见，固定效应模型和随机效应模型的检验结果存在不一致性，这意味着个体之间的差异对各变量的估计系数有比较大的影响，也说明了在固定效应和随机效应之间进行抉择的必要性。

为了选择最优模型，笔者对三个模型的估计结果进行了检验，得出固定效应模型要优于随机效应模型和混合回归模型。其中，固定效应和随机效应之间的抉择基于的是豪斯曼（Hausman）检验，该检验的原假设是"使用随机效应模型"，备择假设为"使用固定效应模型"。从表 6 - 3 可见，豪斯曼检验的 p 值为 0.0000，表明强烈拒绝原假设，故应该采用固定效应模型，而非随机效应模型。同时，对年度虚拟变量的联合显著性进行检验，结果强烈拒绝"无时间效应"的原假设，即应该使用包含时间效应的双向固定效应模型而非单向固定效应模型。因此，笔者主要对双向固定效应模型的检验结果进行解释。总结来看，运用全部区域的数据，得出有关区际贸易模式演进的决定因素的结论如下。

第一，市场分割与区际贸易模式演进。市场分割的回归系数在 10% 的显著性水平上通过了显著性检验，且估计系数为负，这意味着市场分割将会抑制产业内贸易的发展，而促进产业间贸易。这主要是因为，在商品种类繁多且层出不穷的当今，在消费者商品需求多样化的当下，两区域的市场分割程度越低，消费者从另一区域购买差异产品来满足其多样化的需求的行为就越便利和频繁，从而促进产业内贸易的发展；反之，两区域的市场分割程度越高，则消费者从另一区域购买差异产品的积极性就会越低，而从本区域找到替代品，从而抑制产业内贸易的发展，但两区域之间具有互补性质的产品却必须依然从对方区域购买，否则本区域将会有部分需求得不到满足，因此产业间贸易的相对水平将提高（不考虑市场分割程度使得两区域完全无贸易的情形，因为此情形下不存在区际贸易模式以谁为主的问题），贸易模式随之变化。

第二，区域差异与区际贸易模式演进。区域差异包含多个变量，大部分变量对区际贸易模式演进的影响显著，但也存在两个影响不显著的变量。具体而言：

首先，技术差异与区际贸易模式演进。从回归结果来看，代表技术差异的两区域专利授权数之差的绝对值（d_tech）的回归系数在10%的显著性水平上显著，且回归系数为负，这表明两区域间的技术差异扩大会相对降低产业内贸易水平而提高产业间贸易水平，使得区际贸易模式发生改变。但从系数值来看，技术差异对区际贸易模式的推动作用并不大。

其次，要素禀赋与区际贸易模式演进。代表要素禀赋差异的两区域资本密集度之差的绝对值（d_kl）和土地/劳动比之差的绝对值（d_el）的回归系数分别在1%的显著性水平和10%的显著性水平上显著，且回归系数都为负。这说明要素禀赋差异越大，则产业间贸易水平就越高，产业内贸易水平就越低。从系数值来看，资本密集度差异对区际贸易模式的推动作用相对人均土地差异较大。

再次，经济规模差异与区际贸易模式演进。代表经济规模差异的两区域国内生产总值之差的绝对值（d_gdp）对区际贸易模式演进的影响并不显著。这意味着两区域间经济规模差异的大小与两区域间的区际贸易模式无相关关系，即我国东部经济规模较大的省份和西部经济规模较小的省份之间既可以产业间贸易为主，也可以产业内贸易为主。

此外，需求差异与区际贸易模式演进。代表需求差异的两区域人均收入水平之差的绝对值（d_income）的回归系数在5%的显著性水平上通过了显著性检验，且回归系数为负，它意味着需求差异越大，则产业间贸易水平越高，产业内贸易水平越低，区际贸易模式更趋于以产业间贸易为主。而从系数值来看，它近乎为零，因此，需求差异对区际贸易模式演进的影响较小。

最后，产品差异与区际贸易模式演进。代表产品差异的研发人员占总就业人员比重之差的绝对值（d_rd）在1%的显著性水平上显著，且回归系数显著为负，这在一定程度上表明两区域的产品差异越大，则相对而言产业间贸易水平越高，产业内贸易水平越低，从系数值来看，它相对其他变量较大，说明产品差异对区际贸易模式的助推作用较大。但注册商标数量之差的绝对值（*d_tm*）对区际贸易模式演进的影响并不显著，这主要是因为，当从区域整体而非产业出发时，此处的产品差异不仅包括两区域同一产业内不同企业生产的产品差异，还包括两区域产业间的产品差异；同时，如第五章所述，产品差异主要影响的是单个产业的区际贸易模式演进，其对整体区际贸易模式演进的影响可能会被抵消掉而不显著。

综上所述，区域差异整体上对区际贸易模式演进起着显著的负向影响，除了其中的经济规模差异，这可能是由于经济规模差异并不能反映两区域所处的经济发展阶段，而我们从即将分析的加入控制变量的回归结果来看，区域所处发展阶段对区际贸易模式具有显著的影响，此外，不能排除观察年份不连续且数量不多导致结果产生偏差的可能性。从模型中删除该变量，其他变量估计系数的正负号以及显著性并没有发生太大的变化，这表明剩下变量的估计系数具有一定的稳健性。

第三节　加入控制变量的进一步分析

进一步，笔者将在模型中加入控制变量（报告区域经济规模），来考察市场分割和区域差异对区际贸易模式演进的影响。如表6－4所示。

表6－4　　　　　　　　　　　　加入控制变量的回归结果

变量	混合回归 OLS	单向固定效应 FE	双向固定效应 FE_TW	随机效应 RE
ms	0.814 (1.22)	0.715 (1.43)	0.162 (0.37)	0.649 (1.27)
d_tech	0.000000173 * (2.08)	3.22e－08 (0.42)	0.000000127 * (1.84)	7.54e－08 (0.99)
d_kl	0.000865 (0.42)	－0.00445 ** (－3.15)	－0.00260 ** (－1.47)	－0.00233 (－1.76)
d_el	－0.0000463 *** (－10.86)	－0.00000474 (－0.53)	0.00000850 * (0.77)	－0.0000381 *** (－9.72)

续表

变量	混合回归 OLS	单向固定效应 FE	双向固定效应 FE_TW	随机效应 RE
d_gdp	0.00000115 *	− 0.000000530	− 0.000000851 *	− 0.000000437
	(2.01)	(− 1.34)	(− 2.07)	(− 1.16)
d_income	− 0.000000191	0.00000121 ***	0.000000822 *	0.000000710 *
	(− 0.45)	(3.82)	(2.47)	(2.43)
d_rd	0.293 ***	− 0.0159	− 0.225 ***	0.0872
	(4.58)	(− 0.31)	(− 4.34)	(1.78)
d_tm	− 0.000000727 ***	1.42e − 08	8.68e − 08	− 0.000000156
	(− 4.38)	(0.10)	(0.76)	(− 1.14)
$agdp$	0.00000127 **	0.00000118 ***	0.000000607 *	0.00000118 ***
	(3.10)	(3.79)	(2.13)	(4.12)
常数项	0.346 ***	0.335 ***	0.342 ***	0.341 ***
	(57.73)	(59.35)	(35.80)	(71.31)
F 统计量	31.20 ***	6.59 ***	21.20 ***	
	(0.0000)	(0.0000)	(0.0000)	
Wald chi2 (8)				175.31 ***
				(0.0000)
样本数	5 292	5 292	5 292	5 292
R^2	0.1221	0.0165	0.0970	0.01210
Hausman test				47.21 ***
				(0.0000)

注：*** 、** 、* 分别表示在 1%、5%、10% 的水平上显著；固定效应模型和随机效应模型的 R^2 取的是组内（within）R^2。

在控制了报告区域经济规模之后，各个变量估计系数的正负号以及显著性并没有发生明显的变化。这表明本研究所选取的各种变量的估计系数具有一定的稳健性，对其他变量的敏感性并不强。同时，报告区域经济规模对区际贸易模式演进的影响显著，且估计系数为正，说明二者具有正相关性，报告区域经济规模越大，区际贸易模式就越趋于以产业内贸易为主。这和大部分国际贸易研究者所秉持的"经济越发达的国家，产业内贸易比重就越大"

的观点异曲同工。可以说贸易模式以产业间为主向以产业内贸易为主演进是区域经济工业化过程中不可或缺的阶段，也是经济发展到一定程度的必然选择。

第四节 分区域的计量结果及分析

上面运用全部区域的数据进行了回归，估计系数除了个别外，整体都通过显著性检验。此节继续采用双向固定效应模型来考察我国东、中、西部地区市场分割和区域差异对区际贸易模式演进的影响，以增强结果的稳健性。回归结果如表 6-5 所示。

表 6-5 分区域的回归结果

变量	东部		中部		西部	
	(1)	(2)	(3)	(4)	(5)	(6)
ms	0.912	0.907	1.576	1.478	0.121	0.0850
	(0.71)	(0.71)	(0.42)	(0.38)	(0.029)	(0.029)
d_tech	$2.08e-09$	$-3.36e-09$	-0.00000119^*	-0.00000129^*	-0.00000127^*	-0.00000156^*
	(0.03)	(-0.03)	(-2.02)	(-2.18)	(-2.96)	(-2.14)
d_kl	0.00183	0.00197	-0.0134^*	-0.0113^*	-0.0322^{***}	-0.0327^{***}
	(0.56)	(0.56)	(-2.53)	(-2.38)	(-3.45)	(-3.53)
d_el	-0.00352^{**}	-0.00352^{**}	-0.000129	-0.000127	0.00000621	0.00000752
	(-2.75)	(-2.75)	(-0.76)	(-0.67)	(0.33)	(0.42)
d_gdp	0.000000212	0.000000170	-0.00000430	-0.00000320	0.00000116	0.00000121
	(0.22)	(0.18)	(-1.75)	(-1.41)	(0.40)	(0.40)
d_income	-0.00000111^*	-0.00000111^*	-0.00000113^*	-0.00000082^*	-0.00000197^*	-0.00000195^*
	(-2.20)	(-2.22)	(-2.63)	(-2.48)	(-1.94)	(-1.95)
d_rd	-0.230^*	-0.230^*	-0.588	-0.528	-0.230^*	-0.297^*
	(-4.06)	(-4.06)	(-1.13)	(-1.07)	(-4.45)	(-4.45)
d_tm	-0.00000411^*	-0.00000416^*	-0.0000237^{**}	-0.0000232^*	-0.0000192	-0.0000196
	(-2.64)	(-2.76)	(-2.66)	(-2.60)	(-0.95)	(-0.98)
$agdp$		0.000000145		-0.00000495		-0.00000111
		(0.21)		(-1.72)		(-0.95)

续表

变量	东部		中部		西部	
	（1）	（2）	（3）	（4）	（5）	（6）
常数项	0.445 ***	0.445 ***	0.374 ***	0.372 ***	0.252 ***	0.250 ***
	（9.75）	（9.75）	（5.76）	（5.73）	（10.67）	（10.71）
F 统计量	11.48 ***	10.69 ***	2.59 ***	2.25 ***	7.35 ***	8.97 ***
	（0.0000）	（0.0000）	（0.0000）	（0.0000）	（0.0000）	（0.0000）
样本数	630	630	504	504	504	504
R^2	0.2807	0.2808	0.0778	0.0913	0.1096	0.1108

注：***、**、*分别表示在1%、5%、10%的水平上显著；R^2取的是组内（within）R^2。

首先，在我国东部地区，市场分割无法影响到区际贸易模式，但是区域差异中的人均土地差异、需求差异和产品差异却能显著地影响区际贸易模式，且表现为正向影响产业间贸易模式，而负向影响产业内贸易模式。不仅如此，与全部区域回归结果一样，经济规模差异对区际贸易模式影响不显著。

其次，在我国中部地区，市场分割亦无法影响到区际贸易模式，但是区域差异中的资本密集度差异、需求差异和产品差异却能显著地影响区际贸易模式，且表现为正向影响产业间贸易模式，而负向影响产业内贸易模式。与全部区域回归结果一样，经济规模差异对区际贸易模式影响不显著。

再次，在我国西部地区，市场分割还是无法影响到区际贸易模式，但是区域差异中的技术差异、资本密集度差异、需求差异和产品差异却能显著地影响区际贸易模式，且表现为正向影响产业间贸易模式，而负向影响产业内贸易模式。与全部区域回归结果一样，经济规模差异对区际贸易模式影响不显著。

最后，综合来看，和全部区域回归结果不同的是，分区域的情况下，市场分割对区际贸易模式的影响不再显著，但与全部区域回归结果一样的是，区域差异表现出整体上会影响区际贸易模式，当然，东部、中部、西部表现有所不同，同时经济规模差异对区际贸易模式影响仍不显著。

第五节　本章小结与政策启示

本章采用中国28个省份（不包含港、澳、台和西藏，海南和重庆分别并入广东和四川）7年的面板数据，以 G－L 指数来刻画区际贸易模式而作为因变量，以市场分割和区域差异为自变量，其中区域差异选取了技术差异、要素禀赋差异、经济规模差异、需求差异和产品差异，建立静态的面板计量模型对区际贸易模式演进的影响因素进行了检验。主要结论有以下三点。

第一，市场分割显著地影响着区际贸易模式，市场分割程度提高会降低产业内贸易水平，而相对提高产业间贸易水平。但这主要是基于全部 28 个观察区域面板数据所估算的结果，而分区域计量结果却不显著。

第二，区域差异整体上显著地影响着区际贸易模式，区域差异程度提高会降低产业内贸易水平，而相对提高产业间贸易水平。无论是从基于全部 28 个观察区域的面板数据所估算的结果来看，还是从分区域计量结果来看，都有此结论。虽然如此，区域差异中的经济规模差异对区际贸易模式的影响并不显著，当删除此变量时，其他变量估计系数的正负号以及显著性并没有发生太大的变化，这表明剩下变量的估计系数具有一定的稳健性，因此，笔者认为区域差异对区际贸易模式的影响整体是显著的。

第三，控制变量报告区域经济规模也显著地影响着区际贸易模式，经济规模越大，则产业内贸易水平相对越高，而产业间贸易水平相对较低。由于本研究主要关注点在市场分割和区域差异对区际贸易模式的作用，尤其是其中的区域差异，因此将报告区域经济规模这一较为重要的因素作为控制变量，回归结果显示它对区际贸易模式具有显著的影响。

本章的政策启示有以下三个方面。

第一，各省份在参与省际贸易的过程中，应当着眼于省际差异的实际情况，基于比较优势，选择适合本省区的贸易模式。恰当的省际贸易模式，有利于发挥本区域的比较优势，有利于满足消费者的需求，有利于改善社会福利，有利于在全国范围内配置资源从而优化全国的资源配置。反之，则将造成资源的错配、贸易利益的流失、福利的下降及省际贸易格局的混乱。出于这种考虑，区际贸易模式的选择，务必要遵循马克思哲学想问题和办事情要以客观实际为根本出发点的思路，坚持实事求是，一切从实际出发。而"实际"是什么？在这方面，本章的研究结果恰能提供具有针对性的启示。

综上所述，区域差异对区际贸易模式具有显著的影响。在复杂的区域经济关系处理中，以之为"实际"，作为区际贸易模式的预测器，不失为一个简洁而有效的方法。传统贸易理论中，几乎把"差异"奉为贸易的唯一源泉，而出现了诸如相对商品价格、相对要素报酬和相对要素禀赋的贸易模式预测器，对产业间贸易起到了很好的预测作用。可当产业内贸易这种贸易模式出现并成为常态时，这些预测器就显得有心无力，它不能解释和预测两个相似经济体的贸易模式，随之出现了产品差异、需求相似性等预测器。在如今两种贸易模式同时存在的情况下，具有综合性的预测器十分必要，既能预测产业间贸易，也能预测产业内贸易。而仔细斟酌，无论是产业间还是产业内贸易，其预测器本质上都是经济体间的差异性（或者相似性）。因此，综合考量，各区域在与其他区域进行贸易往来时，可以区域差异为预测器，当区域差异较大时，以产业间贸易为主，当区域差异较小时，以产业内贸易为主。如此这般，将有利于发挥本区域的比较优势，获取应得的贸易利益。

第二，各省份应坚持以要素禀赋为基础，以满足消费者需求为宗旨，以产品多样化为着眼点，以技术和资本为利器，来推动省际贸易的高质量发展。对于技术，应继续坚持技术引进，且积极鼓励自主创新，从而能在较短时期内以较小的成本缩小与其他区域的技术差距，且从根本上促进技术进步。对于资本，要提高资本积累效率，增加资本积累，缩小与其他区域的资本密集度差距。此外，尤为重要且值得注意的是提高投资利用效率。总之，各区域要磨好技术和资本这两把利器，融入全国甚至全球的价值链分工，稳步促进贸易高质量发展。

第三，消除地区贸易壁垒，进一步推进全国市场一体化，减少国内贸易的堵点。首先，省际贸易的健康、持续和快速发展离不开开放的国内市场，要构建高效的国内流通体系，包括开放有序的线下市场和线上市场，通过信息化建设，建立智慧化仓储管理系统和物流系统，促进不同经营模式和业态优势互补、信息互联互通。其次，不断完善硬的基础设施，像电力、电信、道路、港口建设。再次，优化软的制度安排，像金融环境、营商环境、法治环境等，以降低交易费用。最后，要进一步加强区域合作，推进京津冀协同发展、长三角一体化发展、粤港澳大湾区建设等，活跃省际贸易，同时要防止区域合作成为隐性的区域壁垒，阻碍合作区域内外的贸易来往。

第三篇　区际产品内贸易

第七章

基于增加值数据的中国区际产品内贸易特征

随着京津冀协同发展、长江经济带发展、共建"一带一路"、粤港澳大湾区建设、长三角一体化发展等区域发展战略的推进，以及双循环发展格局的构建，我国国内区域间分工进一步细化和深化。与此同时，我国区域间分工和经贸联系深受全球价值链的影响，价值链分工成为国内区域间分工的重要形式，与之对应的区际产品内贸易逐渐成为贸易的主导形式。在价值链分工的背景下，相较于基于贸易总值的传统贸易统计方法，基于增加值的新贸易核算方法更能反映贸易的实际情况（张红梅等，2020）。因此，本章使用基于新贸易核算方法所得的区际贸易增加值数据来研究中国的区际产品内贸易特征，为我国形成以国内大循环为主体、国内国际双循环相互促进的新发展格局提供科学支撑。

第一节　研究方法与数据基础

一、研究方法

本章的难点在于区际贸易增加值数据的核算，我们采用的核算方法或者说区际流出额①的分解方法是李善同等（2018）提出的方法。使用该方法将国内各区域流出额分解成四个部分，即本区域的增加值、国内其他区域的增加值、国外增加值和重复计算部分。具体做法参见李善同等（2018），在此对之进行简要概括。该方法建立在王直等（2013）提出的贸易增加值核算法（即 WWZ 法）的基础上。WWZ 法核算的是国家部门层面的贸易增加值，因此，为了核算国内区域部门层面的贸易增加值，做了两个拓展。

---

① 省际贸易包括流出与流入，对应国际贸易中的出口与进口。

一是把 WWZ 法中的贸易对象和第三方区分为国内的和国外的，在此区分的基础上将 WWZ 法分解出的 16 项进一步扩展成 20 项：根据贸易对象，把（11）和（12）两项区分为国内其他区域增加值和国外增加值；依据第三方，把（14）和（15）两项区分为国内其他区域增加值和国外增加值。

二是构建内嵌国内多区域投入产出表的全球投入产出表。具体就是将国内区域与国际上的国家（或地区）都看成是研究对象，将国内多区域投入产出表与包含本国的全球投入产出表嫁接到一起。由此得到的全球投入产出表既包含国内各区域之间的经济联系，也包含国外不同国家（或地区）之间的经济联系，还包含国内不同的区域与国外不同的国家（或地区）之间的经济联系。这种嫁接方法是以初始的全球投入产出表作为控制数来调整国内多区域投入产出表，使得国内多区域投入产出表中的行业总产出、进出口数据与全球投入产出表中的数据相一致。

二、数据基础

本章的区域是指省区，区际贸易即省际贸易。省际贸易增加值核算的数据基础为内嵌中国省际投入产出表的全球投入产出表。该表的编制基于由国务院发展研究中心与国家统计局合作编制的省际投入产出表（李善同和董礼华等，2018）、世界投入产出数据库（WIOD）的全球投入产出表（WIOT）以及中国各省分贸易对象的进出口数据。

为了使中国省际投入产出表与 WIOD 的全球投入产出表能够对应，将全球投入产出表中的 43 区域合并成 5 个国家和地区，即中国、美国、欧盟、日韩（包括日本和韩国）与其他国家和地区，将国内的省份和国际上的国家（地区）都看成是一个单独的区域，从而得到的 35 个区域，即不包含港、澳、台地区在内的中国 31 个省份以及 4 个国家和地区（即美国、欧盟、日韩与世界其他国家和地区）；同时，将中国省际投入产出表与全球投入产出表各自的行业都合并成 14 个行业，即农业、采掘业、8 个制造业（食品、纺织服装、石化、建材、金属冶炼及制品业、设备制造业、电气电子及仪表、其他制造业）、电气水、建筑业与 2 个服务业（生产流通服务业、其他服务业）。

基于以上方法和数据，把我国 31 个省份和 14 个部门的省际流出额分解为省内增加值、国内其他省增加值、国外增加值和重复计算部分。在无特别说明的情况下，本章又将各省份流出额中隐含的省内增加值称之为各省份的流出增加值。把省际流出中本省份创造的增加值所占比重称之为省际流出的省内增加值率（$PVAR_T$），同理得，省际流出的其他省增加值率（$EVAR_T$）、国外增加值率（$FVAR_T$）和重复计算率（DR_T）。

第二节　区际产品内贸易的特征

一、各省省际流出的价值并非全由本省创造

从分解结果来看，省际流出的价值并非完全由本省份创造，各省份流出到其他省份的商品在生产过程中或多或少都使用了其他国家或国内其他省份的原材料和零部件作为中间投入品，但各省份流出额中本省份创造的增加值占主要部分。

如图 7 - 1 所示，整体而言，各省份流出额中的省内增加值率最大。平均来看，各省份流出额中大约有 61% 是本省份创造的增加值，约 15% 是其他省份创造的增加值，约 6% 是国外创造的增加值，还有约 17% 是重复计算的结果。所有省份的流出额中本省份创造的增加值所占比重都在 35% 以上，同时除了上海、北京、安徽、广东、宁夏和海南之外，其他省份的流出额中的省内增加值率都在 50% 以上，湖北、四川、福建、山东、青海、吉林和湖南更是高达 70% 以上，分别为 78.83%、78.54%、75.22%、75.06%、72.97%、72.41% 和 70.97%。

各省份的流出增加值如表 7 - 1 所示。流出额大的省份，其流出增加值未必大，反之亦然。从在全国的位次来看，相对流出额的位次而言，东部的天津、广东、北京和上海流出增加值在全国的位次有所下降，其他地区广西、江西、重庆、安徽的位次有所下降，其余省份的位次要么持平，要么上升。这主要是由于国内贸易的溢出效应和中间品贸易带来的重复计算，也在一定程度说明传统的贸易统计方法所反映的省际贸易与实际情况存在较大偏差。

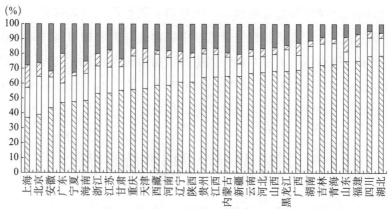

图 7 - 1 各省份流出额的四部分构成

资料来源：DRCMRIO 数据库、世界投入产出数据库（WIOD）的全球投入产出表（WIOT）以及中国海关数据库。

表 7 - 1

各省份的流出额与流出增加值

省份	流出额（百万美元）	流出额位次	流出增加值（百万美元）	流出增加值位次	变化	省内增加值率（％）	省内增加值率位次
湖北	117 514.73	19	92 635.28	16	↑	78.83	1
四川	101 166.94	23	79 452.55	22	↑	78.54	2
福建	108 993.99	21	81 984.89	20	↑	75.22	3
山东	230 247.16	10	172 815.52	8	↑	75.06	4
青海	19 268.06	30	14 060.75	30	—	72.97	5
吉林	111 933.85	20	81 053.06	21	↓	72.41	6
湖南	222 929.55	12	158 211.68	10	↑	70.97	7
广西	108 966.52	22	75 363.36	23	↓	69.16	8
黑龙江	160 938.29	15	110 110.84	14	↑	68.42	9
山西	126 376.23	18	86 344.14	18	—	68.32	10
河北	324 892.86	7	219 453.71	3	↑	67.55	11
云南	80 780.83	25	54 168.52	25	—	67.06	12
新疆	75 790.12	26	49 244.74	26	—	64.98	13
内蒙古	224 817.10	11	146 057.33	11	—	64.97	14
江西	133 066.41	17	85 863.10	19	↓	64.53	15
贵州	87 991.56	24	56 465.61	24	—	64.17	16
陕西	219 990.80	13	134 402.83	12	↑	61.09	17
辽宁	260 674.57	9	158 972.14	9	—	60.98	18

续表

省份	流出额（百万美元）	流出额位次	流出增加值（百万美元）	流出增加值位次	变化	省内增加值率（%）	省内增加值率位次
河南	398 036.41	5	234 517.37	2	↑	58.92	19
西藏	10 445.09	31	6 149.90	31	—	58.88	20
天津	177 220.93	14	100 320.67	15	↓	56.61	21
重庆	157 225.72	16	88 005.34	17	↓	55.97	22
甘肃	74 175.92	27	41 010.05	27	—	55.29	23
江苏	629 876.90	1	336 872.80	1	—	53.48	24
浙江	343 156.53	6	182 723.07	4	↑	53.25	25
海南	63 613.64	28	30 823.96	28	—	48.45	26
宁夏	35 401.45	29	16 859.76	29	—	47.62	27
广东	274 587.57	8	129 005.74	13	↓	46.98	28
安徽	400 052.34	4	173 875.50	7	↓	43.46	29
北京	449 439.43	3	174 644.98	5	↓	38.86	30
上海	472 384.99	2	174 422.00	6	↓	36.92	31

注：①变化是指基于增加值的流出额的全国位次相对于基于总量的流出额的全国位次的变化情况，其中"↑"表示前者相较后者有所提升，"↓"表示前者相较后者有所下降，"—"表示不变。②流出增加值是指各省份流出额中隐含的本省份创造的增加值。

资料来源：作者计算。

二、各省份都融入了国内价值链，东部地区参与度略高，东北地区略低

本研究沿用胡梅尔斯等（Hummels et al.，2001）提出的垂直专业化指数来衡量我国各省份参与国内价值链的程度。具体的测算公式如下：

$$VS_{\_DVC} = \frac{RVA + PDC}{DE} \qquad (7-1)$$

其中，$VS_{\_DVC}$ 是参与国内价值链的垂直专业化指数，RVA 和 PDC 分别表示国内某一省份省际流出包含的国内其他省份流入价值和由于中间品贸易带来的重复计算部分，DE 为省际流出额。通常认为 $VS_{\_DVC}$ 水平越高，参与国内价值链分工的水平越深。

图 7-2 展示了各省份在国内价值链中的参与程度，它表现出如下主要特征：各省份都参与了国内价值链，但相对而言，东部地区省份的参与度略高，东北地区的省份参与度较低。各省份平均来看，东部、中部、西部和东北地区

在国内价值链中的垂直专业化指数都在 25% 以上，且除了东北地区为 27.95% 之外，东部、中部、西部均在 30% 以上，分别为 34.28%、31.74%、32.32%。因此，东部沿海地区在国内价值链中的参与度最高，而东北最低，但东北地区的辽宁在国内价值链中的参与度也比较突出，垂直专业化指数为 31.99%。

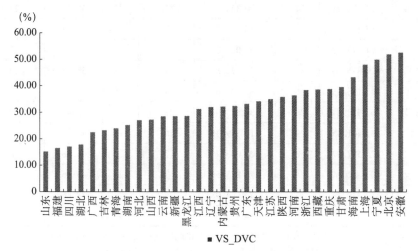

图 7-2　各省份在国内价值链中的参与程度

资料来源：DRCMRIO 数据库、世界投入产出数据库（WIOD）的全球投入产出表（WIOT）以及中国海关数据库。

三、传统总值贸易数据高估了省际流出的经济影响

省际流出依存度在反映某省经济对省际流出的依赖程度。本章同时考察各省基于增加值的省际流出依存度和基于总值的省际流出依存度，前者指省际流出增加值占本省份地区生产总值的比重，后者为省际流出额占本省份地区生产总值的比重。从图 7-3 所示。

一方面，总值数据高估了省际流出的经济影响。所有省份基于增加值的省际流出依存度都小于基于总值的省际流出依存度。平均来看，各省份基于增加值的直接流出依存度为 44.18%，比基于总值的省际流出依存度 76.87% 低 32.69 个百分点。从总值来看，一些省份对省际流出的依存度大于 100%，比如北京、上海、安徽和海南，分别高达 158.68%、147.75%、146.72% 和 140.63%。但从增加值来看，所有省份对省际流出的依存度都小于 100%。造成这种差异的原因主要在于各省份流出产品中隐含了其他省份增加值和国外增

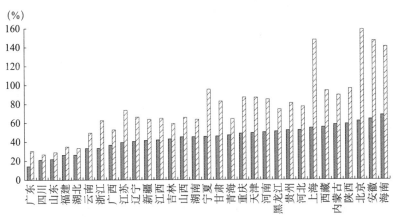

图7-3 各省份的省际流出依存度

资料来源：DRCMRIO 数据库、世界投入产出数据库（WIOD）的全球投入产出表（WIOT）以及中国海关数据库。

加值，同时也有重复计算的部分。因此，使用总值流出额计算而得的各省份流出依存度高估了各省省际流出的经济影响，尤其是北京和上海这类省份。

另一方面，相对而言，省际流出增加值对中部地区的经济影响最大，其次是西部和东北地区，而对东部地区的影响最小。从单个省份来看，难以看出各区域省际流出的经济影响差异，流出增加值依存度最小的是东部地区的广东，为14.27%；东部地区也存在流出增加值依存度最大的海南省，依存度高达68.14%。但从省均情况来看，中部、西部、东北和东部地区的基于增加值的省际流出依存度分别为45.33%、45.26%、44.67% 和42.06%，区域省际流出的经济影响存在一定差异。

四、省际贸易具有较强的空间集聚特征，省际贸易增加值的主要流出和流入省份集中于东部地区

整体而言，省际贸易具有较强的空间集聚特征。从表7-2可以看出，省际流出增加值排名前五位的省份分别为江苏、河南、河北、浙江和北京，它们流出增加值的总和为 1 148 211.93 百万美元，占全国的32.38%；排名在第5~10位的省份分别为上海、安徽、山东、辽宁和湖南，这五个省份的省际流出的增加值之和为838 296.84 百万美元，占全国的23.64%；前十位省份的

省际流出的增加值之和为 1 986 508.77 百万美元，占全部省份的 56.02%。

表7-2 基于增加值的省际流出集中度

省份	排序	在全国的占比（%）	省份	排序	在全国的占比（%）
江苏	1	9.50	上海	6	4.92
河南	2	6.61	安徽	7	4.90
河北	3	6.19	山东	8	4.87
浙江	4	5.15	辽宁	9	4.48
北京	5	4.93	湖南	10	4.46
前五位之和		32.38	前十位之和		56.02

资料来源：DRCMRIO 数据库、世界投入产出数据库（WIOD）的全球投入产出表（WIOT）以及中国海关数据库。

（一）东部地区是省际贸易增加值的主要流出地

东部地区是省际贸易的主要流出地。由图 7-4 和表 7-3 所示，无论是从流出额还是从流出增加值来看，东部地区均远高于其余地区。东部地区的省际流出额为 3 074 414.01 百万美元，占全国流出额的比重为 49.57%，为省际贸易的主体，中部地区省际流出额为 1 397 975.66 百万美元，占全国流出额的比重为 22.54%，西部地区和东北地区的省际流出额分别占全国流出

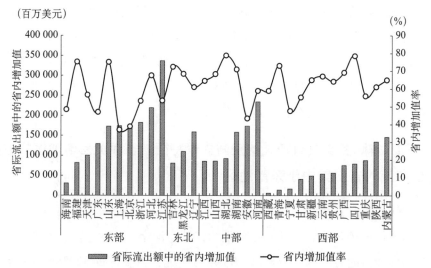

图7-4 各省份省际流出额中的省内增加值及省内增加值率

资料来源：DRCMRIO 数据库、世界投入产出数据库（WIOD）的全球投入产出表（WIOT）以及中国海关数据库。

额的 19.28% 和 8.60%。从省际流出额中的省内增加值来看，东部地区依然是省际贸易的主要流出地，省际流出中东部创造的增加值占到全国的45.21%，中部、西部和东北地区分别为 23.45%、21.47% 和 9.87%。

表 7-3 各区域的流出额、流出增加值及其在全国的占比

地区	流出额（百万美元）	占比（%）	地区	流出增加值（百万美元）	占比（%）
东部	3 074 414.01	49.57	东部	1 603 067.36	45.21
中部	1 397 975.66	22.54	中部	831 447.07	23.45
西部	1 196 020.11	19.28	西部	761 240.72	21.47
东北	533 546.71	8.60	东北	350 136.04	9.87

资料来源：DRCMRIO 数据库、世界投入产出数据库（WIOD）的全球投入产出表（WIOT）以及中国海关数据库。

（二）东部地区是省际贸易增加值的主要流入地

东部地区也是省际贸易增加值的主要流入地。东部地区流出增加值主要流入了东部地区，此外，中西部和东北地区省际流出增加值也主要流入了东部地区。从图 7-5 可见，东部地区省际流出的增加值有将近一半被东部地区自身所吸收，为 701 938.77 百万美元，占到东部总的省际流出增加值的43.79%。东部地区流出到中部、西部和东北地区的增加值分别为 408 074.46百万美元、346 718.86 百万美元和 146 335.27 百万美元，分别占 25.46%、21.63% 和 9.13%。不仅如此，中部、西部和东北地区省际流出也主要流向了东部地区，三大地区流入到东部地区的增加值分别占到各自省际流出的54.33%、47.92% 和 39.81%。

（三）三大增长极及其周边地区是省际贸易增加值的主要流入地

如图 7-6 所示的是省际流出额中省内增加值排名前五位的省份，它们的省际流出增加值主要流向了三大增长极地区及其周边省份。例如，作为省际流出增加值最大的省份，江苏省际流出的增加值主要流向了河南、上海、山东、北京和安徽，这五省占其总流出增加值的47.79%。河南省际流出增加值主要流向了东部地区的江苏、上海、浙江、北京，中部的安徽，以及西部的重庆。河北省际流出增加值主要流向了京津地区以及长三角地区，占河北省际流出的增加值的45.22%。浙江流出到三大增长极及其周边地区的增加值占流出

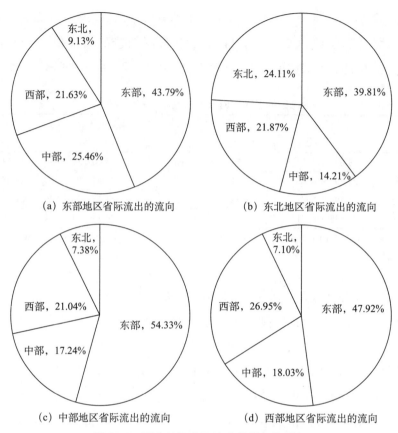

（a）东部地区省际流出的流向　　　　（b）东北地区省际流出的流向

（c）中部地区省际流出的流向　　　　（d）西部地区省际流出的流向

图7-5　四大地区省际流出的增加值流向

资料来源：DRCMRIO数据库、世界投入产出数据库（WIOD）的全球投入产出表（WIOT）以及中国海关数据库。

增加值的62.39%。北京省际流出的增加值主要流向了河南、安徽、河北、辽宁，流向三大增长极及其周边地区的增加值也占到流出增加值的42.89%。

　　需要注意的是，北京和上海等地的省际流出额及其省内增加值都较大，排名全国前列，这在很大程度上与我们所使用的中国省际投入产出表的数据基础有关。各省投入产出表所遵从的新的国民经济核算体系（SNA2008体系）在核算贸易时遵循"所有权转让原则"，使得各省份投入产出表中的贸易数据存在"集散地贸易"的情况。虽然我们在编表时通过一些假设在一定程度上减小了这一效应，但并不能完全消除。对于省际流出来说，"集散地贸易"具体表现为，其他区域的货物调配或进口到此地再调配到其他区域，类似于国际贸易中的"转口贸易"。这一现象在数据上体现为省际流出显著

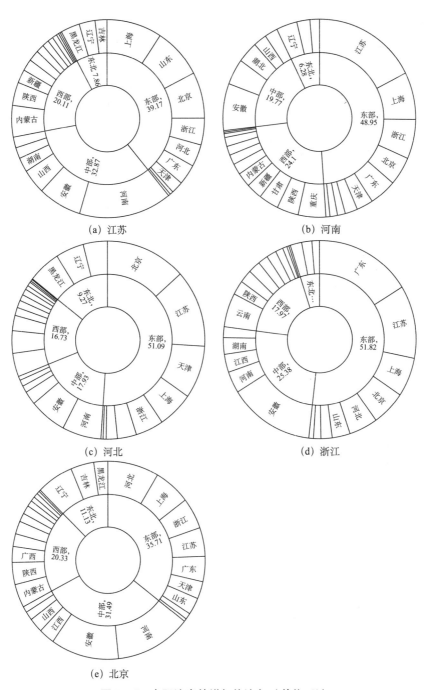

图7-6 省际流出的增加值流向（单位：%）

资料来源：DRCMRIO 数据库、世界投入产出数据库（WIOD）的全球投入产出表（WIOT）以及中国海关数据库。

较高。如北京的省际流出额就很大，这与其总部地位相关，对北京来说，上述集散地效应中商品的调配可能并未实际发生。

五、省际流出的产业结构呈"二三一"格局

我国省际流出增加值的三次产业结构呈"二三一"格局。从图7-7可见，大多数省份的第二产业在省际流出增加值中所占比重最大，其次是第三

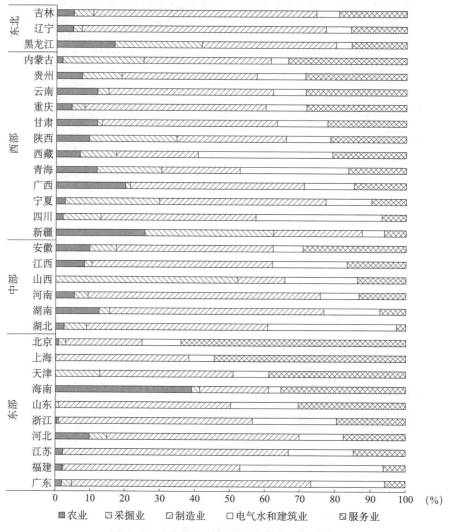

图7-7　各行业在省际流出增加值中的占比

资料来源：DRCMRIO 数据库、世界投入产出数据库（WIOD）的全球投入产出表（WIOT）以及中国海关数据库。

产业，最后是第一产业。从各省份均值来看，第二产业在省际流出增加值中所占比重高达71.07%，第三产业占21.3%，而第一产业仅占7.63%。可见，我国省际流出增加值的三次产业结构呈明显的"二三一"格局，第二产业是省际流出的主力军，而IT、金融等一些可贸易服务业部门在省际贸易中的作用也不可小觑。从第二产业内部来看，制造业是省际流出的主要部门。省均制造业在省际流出增加值中所占比重高达44.83%。

当然，并非所有省份省际流出增加值的产业结构皆呈现"二三一"格局。例如，海南省际流出增加值的三产结构为"一三二"格局，第一产业、第二产业和第三产业在省际流出增加值中的份额分别为38.97%、35.37%、25.66%；黑龙江、新疆省际流出增加值则是"二一三"格局，黑龙江省际流出增加值中第二产业的份额比第三产业大一个百分点左右，分别占16.77%和15.69%，新疆省际流出增加值中第一产业占比为25.59%，第三产业占比仅有6.23%；北京和上海省际流出增加值则是"三二一"格局，第三产业在这两市省际流出增加值中占比过半，分别为64.13%和54.5%。

六、典型行业的省际贸易特征

制造业是省际流出的主要部门，因此本章选取制造业来进一步分析我国的省级国内贸易格局。

（一）制造业省际流出总体情况

制造业流出增加值在所有行业流出增加值中所占的比重较大，但该比重相对制造业流出额在所有行业流出额中的比重要较小。如图7-8所示，从省均来看，制造业流出增加值在所有行业流出增加值中所占比重高达44.83%，近乎半数。但是它比基于总值所计算出来的占比（50.93%）要小6个百分点左右。从单个省份来看，结果也大致如此。其原因在于，相较于许多部门而言，制造业的生产环节较多，且其生产需要使用较多的其他行业、其他地区或国家的中间投入，因此制造业流出额中隐含了较多的其他省份、其他国家的增加值，从而制造业在省际流出增加值中的比例要小于总值角度的比例。

制造业省际流出的集中度较高，集中于部分省份，尤其是东部省份。制造业省际流出增加值排名全国第一的是江苏，为217 816.4百万美元，占全国制造业省际流出增加值的12.45%。制造业流出增加值排在前五位的省份分别

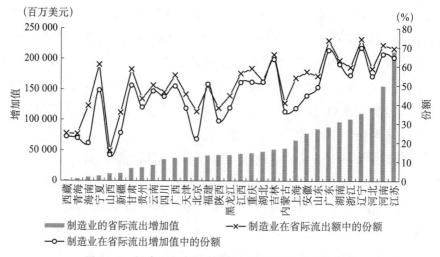

图 7-8　制造业在省际流出额、流出增加值中的份额

资料来源：DRCMRIO 数据库、世界投入产出数据库（WIOD）的全球投入产出表（WIOT）以及中国海关数据库。

为江苏、河南、河北、辽宁、浙江，它们的制造业流出增加值总和为 706 436.6 百万美元，占全国制造业省际流出增加值的 40.39%。排名前十省份的制造业流出增加值总和为 1 121 006 百万美元，占全国制造业省际流出增加值的 64.09%。而这前十位中有六个省份属于东部地区，可以说东部是制造业省际流出增加值的主要地区，整个东部地区占全国制造业省际流出增加值的 45.95%。

（二）各省份制造业省际流出的行业特征

把制造业分为劳动密集型制造业、资本密集型制造业和技术密集型制造业。劳动密集型制造业包括食品制造业、纺织服装业；资本密集型制造业包括石化、建材、金属冶炼及制品业；技术密集型制造业包括设备制造业、电气电子及仪表。

图 7-9 给出了各省份各制造业部门在省际流出增加值中的占比，根据该比重，将所有省份划分为三类：第一类是劳动密集型制造业流出省份，包括黑龙江、福建；第二类是资本密集型制造业流出省份，包括山西、海南、青海、西藏、新疆、山西、内蒙古、贵州、云南、宁夏、山东、广西、甘肃、江西、河北、河南、广东、辽宁；第三类是技术密集型制造业流出省份，包括江苏、重庆、上海、浙江、四川、湖北、天津、安徽、北京、湖南、吉林。可见，（1）制造业省际流出增加值中，资本密集型制造业在我国大多数省份

中占主导地位，包括 18 个省份；（2）以技术密集型制造业为主的省份也较多，有 11 个，其中东部占了 5 个，西部的重庆和四川的技术密集型制造业省际流出增加值比重也较大；（3）以劳动密集型制造业为主的省份只有黑龙江和福建，黑龙江的食品制造业在省际流出增加值中占到 18.63%，是黑龙江省际流出的主要制造业部门，福建的纺织服装在其省际流出增加值中占到 30.11%，是福建省际流出的主要制造业部门。

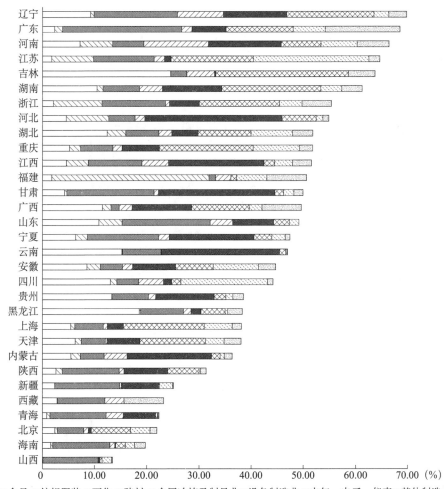

□食品 □纺织服装 ▨石化 □建材 ■金属冶炼及制品业 ▨设备制造业 ▨电气、电子、仪表 ■其他制造业

图 7-9 制造业各部门在省际流出增加值中的占比

资料来源：DRCMRIO 数据库、世界投入产出数据库（WIOD）的全球投入产出表（WIOT）以及中国海关数据库。

（三）重要省份的制造业省际流出的流向

以江苏和辽宁为例来分析制造业省际流出的流向。所有省份中，江苏的制造业省际流出增加值最大，辽宁的制造业在省际流出增加值中所占比重最高（高达69.82%），因此选择这两个省份来具体分析其制造业产品的增加值流出情况。图7-10和图7-11分别刻画了江苏和辽宁制造业流出增加值的流向情况。可见，江苏和辽宁制造业流出增加值流到了各个省份，且都具有邻近效应。

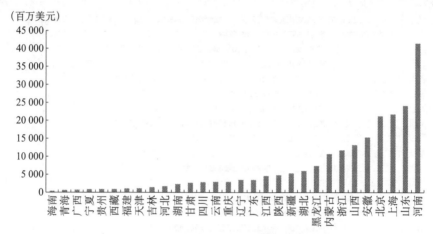

图7-10　江苏制造业流出增加值的流向情况

资料来源：DRCMRIO 数据库、世界投入产出数据库（WIOD）的全球投入产出表（WIOT）以及中国海关数据库。

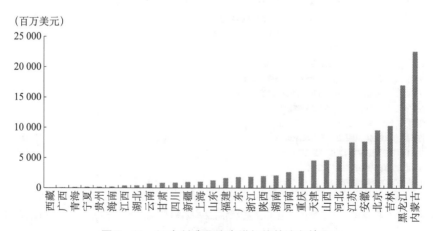

图7-11　辽宁制造业流出增加值的流向情况

资料来源：DRCMRIO 数据库、世界投入产出数据库（WIOD）的全球投入产出表（WIOT）以及中国海关数据库。

江苏制造业产品主要流入其相邻省份以及北京、山西、内蒙古、新疆和黑龙江，构成"T"型的地理分布态势。整个"T"型上的省份占到江苏制造业流出增加值的81.8%。其中，周边的上海、浙江、安徽、河南和山东占了52.48%；北京占了9.7%。

辽宁流出到我国除港澳台地区外的其他地区的制造业产品集中地流入了周边省份以及长三角及其周边省份，构成"C"型的地理分布态势。整个"C"型上的省份占到辽宁制造业流出增加值的82.6%。其中，周边的内蒙古、黑龙江、吉林、北京、天津、河北占了62.32%；长三角及其周边的江苏和安徽占13.73%；河南和山西占6.5%。

第三节　本章小结

改革开放以来，我国区际贸易发展迅速，与此同时，区际贸易深受全球价值链的影响。鉴于此，本章利用贸易增加值数据来研究中国区际贸易的特征，有利于增强对国内大循环中区际贸易面貌的认识，又为我国形成以国内大循环为主体、国内国际双循环相互促进的新发展格局提供科学支撑。

研究发现：一是我国各省份省际流出的价值并非全由本省份创造，但对于多数省份而言，本省份创造的增加值在其中占主要部分，省份均约占60%。二是各省份都融入了国内价值链，但相对而言，东部地区省份的参与度略高，东北地区的省份参与度较低。三是对于省际流出的经济影响而言，一方面，总值贸易数据高估了省际流出的经济影响，平均来看，各省份基于增加值的直接流出依存度比基于总值的省际流出依存度低32.69个百分点；另一方面，相对而言，省际流出增加值对中部地区的经济影响最大，其次是西部和东北地区，而对东部地区的影响最小。四是省际贸易具有较强的空间集聚特征，省际贸易增加值的主要流出地区集中于东部地区，省际贸易增加值的主要流出地区集中于东部地区、三大增长极及其周边地区。五是省际流出的产业结构呈"二三一"格局，即第二产业占流出增加值的份额最大，且尤以制造业为主。

第八章

基于产品内贸易数据的区际贸易供给网络特征

基于省际流出增加值数据，采用网络分析法，本章研究中国国内价值链分工中的省际供给网络，从整体与产业两大层面理清国内各省份在国内价值链供给网络中的角色，以揭示国内大循环供给层面的既有面貌。

第一节 文献综述

国内价值链分工比较复杂，方法选择十分关键。本章从有效性和可行性出发，选取网络分析法，剖析国内区际贸易网络或国内价值链分工的供给网络特征，明确特定省区在国内价值链分工中所扮演的角色，以揭示国内大循环供给层面的特征。网络分析法是基于关系数据的融合图论、物理学、统计学等的跨学科分析方法，它通过分析构成网络的节点和节点间的边或弧的结构属性，刻画复杂系统内个体间的关系特征。由于该方法强大的简化和可视化能力，目前已被广泛应用于多个领域、多种复杂系统，如社会学中的人际关系网络、公共卫生中的流行病传播网络、物流学中的石油运输网络、经济学中的世界经济网络等。在经济学领域，网络分析已成为经济系统研究的新范式，其研究主要包括两个层面。

第一，全球层面。该层面主要是国际贸易网络分析。比如，史密斯和怀特（Smith and White，1992）运用网络分析法研究全球贸易网络；斯基亚沃等（Schiavo et al.，2010）运用复杂网络分析方法对国际贸易和国际金融的网络关系及其特征进行了研究，得出国际贸易网络比国际金融网络的联系更为紧密等结论；徐明和梁赛（Xu and Liang，2019）将投入产出表与网络分析法相结合，基于 2009 年全球投入产出表计算了世界 41 个主要经济体共计 1 435 个经济部门的关联特征。这些研究主要基于贸易总值数据，在价值链分工的背景下，贸易增加值数据更能反映参与者在价值链分工中的价值创造和利益分配。因此，有学者也基于贸易增加值数据对国际贸易网络进行分析，或考虑了全球价值链来进行网络分析。例如，费拉里尼（Ferrarini，2013）基于 BACI 数据库 75 个国家产品层面的贸易数据，测算了国家间的双边垂直贸易指数，并绘制了全球产品分工网络；孙天阳等（2018）基于 WWZ 法核算得到的 2000～2015 年全球制造业贸易增加值数据对制造业全球价值链网络进行了分析。相关研究还包括肖皓等（2017）和李昕等（2019）。

第二，国内层面。相对全球层面，国内层面的研究较少，且聚焦于国内各产业部门间的经济网络关系。比如，阿塞莫格鲁等（Acemoglu et al.，2012）基于投入产出表研究了国内产业间经济联系，分析了冲击在产业间形成的连锁效应。同时，也有少量国内区域间的经济网络关系研究。如索尼娅和休因斯（Sonis and Hewings，1998）开创性地基于区域间投入产出表对区域间经贸联系进行网络分析，并用 1975 年、1980 年和 1985 年印尼的数据进行了实证研究；李敬等（2014）运用网络分析法分析了中国各区域经济增长的空间联系。也有学者同时兼顾区域和产业层面，如刘世锦等（2020）基于中国区域间投入产出表，使用网络分析法综合分析了中国省际与行业间的经济结构特征。

综上所述，对于经济贸易网络关系的研究主要是全球层面研究，有的基于贸易总值数据，有的基于贸易增加值数据，而国内层面研究相对缺乏，且主要是产业间的经济网络关系研究，区域维度的研究甚少，更是缺乏基于贸易增加值数据的国内区域间贸易网络研究。与现有文献相比，主要贡献在于：基于省际流出增加值数据，研究中国国内价值链分工中的省际供给网络，从整体层面与典型制造业产业层面理清国内各省份在国内价值链供给网络中的角色，揭示国内大循环供给层面的既有面貌，既为构建国内大循环的政策制定提供参考，也为保产业链与供应链稳定提供参考，具有重要的现实意义。

第二节　数据与方法说明

一、数据：省际流出增加值

本章使用到的数据是省际流出增加值，它的核算方法同第七章。基于拓展的 WWZ 法，将我国不包含港、澳、台在内的 31 个省（区、市）和 14 个行业①的流出额②分解为四大部分，即本省份增加值、国内其他省份的增加值、国外增加值和重复计算部分。各省份流出额中隐含的自身所创造的增加值占比称之为省际流出的省内增加值率，同理得省际流出的其他省份增加值率、国外增加值率和重复计算率。

从分解结果来看，第一，省际流出的价值并非完全由本省创造，各省份流出到其他省份的商品在生产过程中或多或少都使用了其他国家或国内其他省份的原材料和零部件作为中间投入品，但各省份流出额中本省份创造的增加值占主要部分。平均来看，各省份流出额中大约有61.29%是本省份创造的增加值，约15.18%是其他省份创造的增加值，约6.29%是国外创造的增加值，还有约17.24%是重复计算的结果。除了上海、北京、安徽、广东、宁夏和海南之外，其他省份的流出额中的省内增加值率都在50%以上，湖北、四川、福建、山东、青海、吉林和湖南更是高达70%以上。第二，省际流出增加值中，制造业所占比重省均高达44.83%，近乎半数，尤其是江苏省，该比重高达64.66%（见图8-1）。第三，我国各省份都融入了国内价值

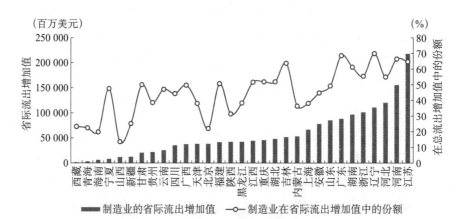

图8-1　各省份制造业省际流出增加值及其在总流出增加值中的份额

注：制造业在省际流出增加值中的份额是指各省份制造业流出增加值在各省份流出增加值中所占份额。

资料来源：DRCMRIO数据库、世界投入产出数据库（WIOD）的全球投入产出表（WIOT）以及中国海关数据库。

---

① 14个行业即农业、采掘业、8个制造业（食品、纺织服装、石化、建材、金属冶炼及制品业、设备制造业、电气电子及仪表、其他制造业）、电气水、建筑业与2个服务业（生产流通服务业、其他服务业）。

② 省际贸易包括省际流出和省际流入。

链分工之中，参与度都较高，尤其是东部地区。使用垂直专业化指数来衡量我国各省份参与国内价值链的程度。平均来看，除东北地区垂直专业化指数为 27.95% 之外，东部、中部、西部都在 30% 以上，分别为 34.28%、31.74% 和 32.32%。

综上所述，我国各省份都融入了国内价值链分工之中，但由于自然条件、要素禀赋和经济发展水平等千差万别，决定了它们在国内价值链分工中的参与度和角色各异。

二、方法：社会网络分析法

基于核算所得的省际流出增加值数据，本章使用社会网络分析法绘制国内价值链分工的供给网络图。具体而言，供给网络图的供给中心是大多数省份流入增加值的来源省。供给中心的确定基于两个指标综合得出，一是各省份流出增加值①，二是各省份流入增加值的前五名来源省情况。本章从整体与特定行业两个层面来考察我国的国内价值链供给网络情况。对于整体层面而言，有以下三种情况，则认为该省份与供给中心关系紧密：一是该省份从供给中心调入的增加值占供给中心流出增加值的比重在 5% 及其以上；二是该省份从供给中心调入增加值占其自身总调入增加值的 10% 及其以上；三是供给中心是该省份流入增加值最大的来源省份。对于特定行业而言，有以下三种情况，则认为该省份与供给中心关系密切：一是该省份从供给中心调入增加值占供给中心流出增加值的比重在 10% 及其以上；二是该省份从供给中心调入增加值占其自身总调入增加值的 15% 及其以上；三是供给中心是该省份流入增加值最大的来源省份。在网络图的绘制中，我们以圆圈的大小代表某省份流出增加值的相对大小，即某省份流出增加值在全国流出增加值中所占的比重（行业层面同理，需要注意的是，整体层面和行业层面的圆圈大小不具可比性）；以连线的厚度来表示贸易伙伴间增加值流量的相对大小；以连线的箭头表示增加值流的方向。

---

① 需注意和强调的是，各省份流出的增加值为各省份流出额中隐含的自身所创造的增加值。

第三节　整体层面的供给网络

如图 8-2 所示，我国形成了以江苏、河南和河北三大供给中心为支撑的供给网络，主要特征有以下几个方面。

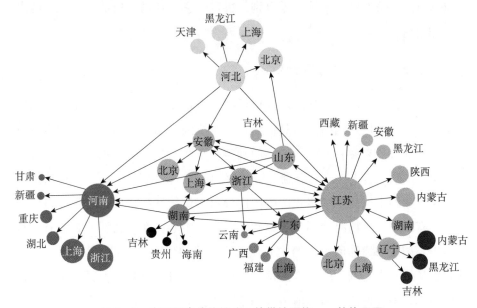

图 8-2　中国国内价值链分工的供给网络——整体层面

第一，三大供给中心作为全国性供给中心，其创造的增加值通过国内价值链直接或间接地流入大多数省份。三大供给中心流出增加值总和几乎占到全国总流出增加值的四分之一，为 22.30%。江苏是我国最大的供给中心，供给全国各地，与之有着重要联系的省份也最多。作为"九州腹地、十省通衢"，河南是我国第二大供给中心，其流出增加值主要流入了长三角地区，尤其是江苏，二者互为彼此最大的流入增加值来源省份，除了长三角地区，河南还与多个省份保持着重要联系，远至新疆、甘肃、重庆，近及湖北。河北是我国第三大供给中心，虽然与其有着重要的直接联系的省份较少，主要为北京、天津以及长三角地区，但它通过江苏和河南而间接地与其他省份保持着联系。

第二，三大供给中心具有明显的区域性供给中心特征，与相邻省份有着紧密联系。比如，江苏是长三角地区的上海和安徽最重要的流入增加值来源省份。上海流入的增加值中有 11.85% 来自江苏（是上海最大的流入增加值来源省份），占到江苏总流出增加值的 9.08%；安徽流入的增加值中有 10.92% 来自江苏（是安徽排名第二的流入增加值来源省份），占到江苏总流出增加值的 7.34%。河南是邻省湖北和安徽的重要流入增加值来源省份，湖北流入的增加值中有 15.65% 来自河南（是湖北排名最大的流入增加值来源省份），占河南总流出增加值的 3.50%；安徽流入的增加值中有 8.02% 来自河南，占河南总流出增加值的 7.75%。河北是京津冀地区的北京与天津最大的流入增加值来源省份。北京流入的增加值中有 10.56% 来自河北，占到河北总流出增加值的 13.35%；天津流入增加值中有 16.47% 来自河北，占到河北总流出增加值的 8.60%。比较而言，河南的区域性供给中心特征弱于江苏和河北。

第三，除了三大供给中心之外，供给网络中还存在一些小型供给中心，是多个省份重要的流入增加值来源地，同时也为三大供给中心发挥着传送作用。它们包括山东、浙江、安徽、广东、湖南和辽宁。其中，山东是北京流入增加值的第二大来源省份，北京流入的增加值中有 10.52% 来自山东，同时，它也是江苏和河南这两大供给中心的重要流入增加值来源地，二者从山东调入的增加值占山东总流出增加值的 5.11% 和 6.64%。安徽有 41.59% 的流出增加值流入上海、浙江和江苏，同时它也是北京重要的增加值来源地，其总流出增加值的 9.29% 流入北京。浙江的总流出增加值仅次于三大供给中心，是长三角的江苏、上海和安徽的重要供给来源，同时也是广东的重要增加值来源地，其总流出增加值的 16.13% 流入了广东。广东与相邻省份的关系较为密切，尤其是与湖南，二者互为重要的增加值供给中心（湖南是广东最大的流入增加值来源省份），但广东的流出增加值主要流入的并非相邻省份，而是到了北京与上海，二者分别占广东总流出增加值的 17.12% 与 11.34%。辽宁是东北地区主要的供给中心，也是内蒙古最大的流入增加值来源地，内蒙古、黑龙江与吉林流入增加值中分别有 16.70%、12.49% 与 9.73% 来自辽宁，占辽宁总流出增加值的 18.40%、18.90% 与 13.91%。

第四，东部地区及其邻近省份是我国的主要供给地。在供给中心当中，除了中部地区的河南、湖南、安徽与东北的辽宁，其他都属于东部地区。而河南又邻近山东，湖南邻近广东，安徽邻近江浙，辽宁邻近河北，都属于东部地区的邻近省份。它们流出的增加值不仅流入全国各地，而且就流出增加值的规模来说，这几个供给中心总流出增加值几乎占到全国的半壁江山，高达 49.82%。东部地区在国内供给网络中的位置可见一斑。

第五，三大增长极在国内价值链中的供给地位及其各自内部联系存在差异。一方面，三大增长极中，长三角地区在国内价值链中的供给地位最为重要，京津冀次之，珠三角位于最后。长三角、京津冀与珠三角地区各自流出增加值在全国的占比分别为 24.48%、13.94% 和 3.64%，差异较大；从紧密联系的省份数量来说，也存在明显的差异。另一方面，京津冀内部以单向流动为主，而长三角内部以双向流动为主，内部联系更为紧密。在长三角地区，江苏是上海最大的流入增加值来源省份，亦和安徽互为重要的供给来源地，浙江是安徽最大的流入增加值来源省份，反过来，安徽又是浙江最大的流入增加值来源省份。在京津冀地区，河北是北京和天津最大的流入增加值来源省份，而北京流出增加值则主要流入了河南、安徽，天津流出增加值主要流入了上海、江苏、内蒙古与安徽，其次才是河北与北京，同时北京与天津之间的供给关系较弱。整体而言，京津冀内部的供给关系主要表现为河北向北京与天津的单向流动。

第四节　产业层面的供给网络

各省份平均来看，制造业在省际流出增加值中所占份额近乎半数，同时，作为强国之基，作为中国经济稳定持续增长的重心，它对构建国内大循环和保持产业链供应链稳定具有举足轻重的作用。因此，产业层面，本章主要分析制造业国内价值链的供给网络，具体而言，是参与国内价值链的典型制造业部门的供给网络。

一、食品制造业

如图 8-3 所示，我国食品制造业的供给中心分布较为松散，形成了地理位置上几乎平行的两大食品供给带——"黑吉食品供给带"和"鲁豫鄂食品供给带"。"黑吉食品供给带"由我国最大的两个食品制造业供给中心黑龙江与吉林构成，其食品制造业流出增加值占全国的16.98%，两省该行业流出增加值分别占各自总流出增加值的20.50%和27.51%，吉林流出增加值中更是以食品制造业为主。"鲁豫鄂食品供给带"由山东、河南和湖北组成，其食品制造业流出的增加值占全国的19.83%。

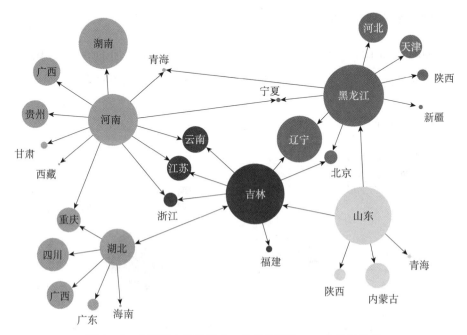

图8－3 中国国内价值链分工的供给网络——食品制造业

"黑吉食品供给带"主要供给京津冀与长三角地区。该食品供给带是多个省份的重要供给地，比如，辽宁流入的食品制造业增加值的86.15%和福建流入的食品制造业增加值几乎全都来源于该供给带，但该供给带食品制造业增加值主要流入了京津冀与长三角地区。黑龙江食品制造业流出增加值主要流入了京津冀地区，占黑龙江该行业流出增加值的32.96%，尤其是天津与北京，两地分别占黑龙江流出的15.44%与13.38%，其中，天津流入的增加值中有近一半来自黑龙江，为48.64%。吉林食品制造业流出增加值主要流入了长三角地区，占吉林该行业流出增加值的33.18%，其中，江苏占13.49%。

"鲁豫鄂食品供给带"主要供给东北地区、西部地区与珠三角地区。山东是我国第三大食品制造业供给中心，主要供给东北地区，吉林和黑龙江流入的食品制造业增加值中分别有29.49%和40.25%来自山东（是吉林该行业最大的流入增加值来源省份），分别占到山东食品制造业流出增加值的30.46%和17.61%。河南主要供给长三角地区的浙江与江苏，其次是西部地区，比如重庆、甘肃与广西。湖北主要供给东北的吉林、西部的川渝，其次是广东。

二、纺织服装业

如图8-4所示，我国纺织服装业形成了以江苏和福建两大供给中心为主，河北、河南、浙江、山东四个次级供给中心为辅的供给网络。

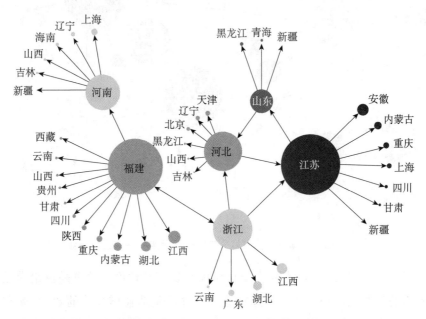

图8-4　中国国内价值链分工的供给网络——纺织服装业

相对食品制造业，纺织服装业的突出特征表现为供给中心的地理集中性，以及越来越多的省份通过供给中心融入国内价值链。这几个供给中心地理位置相连，形成了"5字形"的纺织服装供给带，分布于长三角及其附近地区、中原经济区。从流出增加值规模来看，几个供给中心该行业流出的增加值占全国的比重高达73.20%，其中，仅江苏和福建两大供给中心就占到全国的37.22%。从密切联系的省份来看，与供给中心密切联系的省份较多，国内多数省份都从这几个供给中心调入纺织服装品，通过供给中心融入纺织服装业

国内价值链。江苏与福建是该行业流出增加值规模排名前两位的省份，分别
与13个和8个省份紧密相连。江苏流入上海的增加值可观，占江苏该行业流
出增加值的32.58%，上海该行业流入增加值的48.63%。该行业是福建主要
的增加值流出行业，占其总流出增加值的份额高达30.11%，且主要流入了
陕西。陕西流入的增加值中有78.68%来自福建，占到福建流出增加值
的23.43%。

三、金属冶炼及制品业

如图8-5所示，我国金属冶炼及制品业形成了以河北为最大供给中心，
河南、内蒙古、辽宁、湖南、江西、甘肃多个次级中心并存的供给网络。

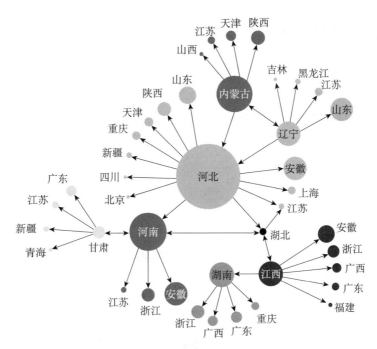

图8-5　中国国内价值链分工的供给网络——金属冶炼及制品业

河北作为金属冶炼及制品业最大供给中心，既是该行业的全国性供给中
心，也是区域性供给中心。无论从流出增加值规模（占到全国该行业流出增
加值的19.17%），还是密切联系的省份数量来看，河北都占据了最为重要的
位置，这也是它身为我国整体层面三大供给中心之一的原因之一，该行业是

河北主要的增加值流出行业，占其总流出增加值的份额高达30.37%。河北是京津冀的该行业区域性供给中心，北京该行业流入增加值中有35.65%来自河北，占到河北该行业总流出增加值的23.48%；天津该行业流入增加值中有35.17%来自河北。

几个次级供给中心更多的是扮演区域性供给中心的角色，与它们密切联系的省份数量相对较少。河南主要供给长三角与湖北，从流出增加值规模来看，它是仅次于河北的第二大供给中心，这也是它身为我国整体层面三大供给中心之一的原因之一，金属冶炼及制品业流出增加值占其总流出增加值的14.69%。辽宁主要供给东北地区，内蒙古主要供给与其邻近的北方地区，江西与湖南主要供给东南沿海地区。

四、设备制造业

如图8-6所示，我国设备制造业形成了以江苏为最大供给中心，湖南、浙江、辽宁、河南、河北、湖北多个次级中心并存的供给网络。基于地理位置，可将这几个供给中心划分为三大设备制造业供给带——长三角供给带、"冀豫鄂湘"供给带与东北供给带。

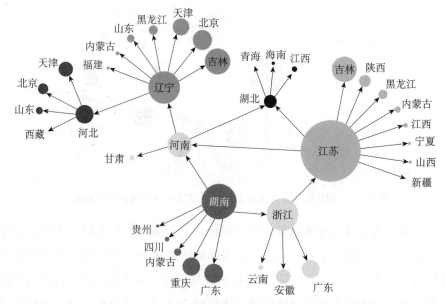

图8-6 中国国内价值链分工的供给网络——设备制造业

长三角供给带是我国设备制造业的第一大供给带。该地区该行业的流出增加值占到全国的 36.01%。其中，又以江苏为主，在全国的比重高达 15.87%，为全国该行业最大的流出增加值省份，它不仅直接与多省份密切相连，也通过河南、湖北等次级中心与海南、青海、甘肃等省份间接地紧密相连，是名副其实的设备制造业生产和供给大省。

"冀豫鄂湘"供给带是我国设备制造业的第二大供给带，为长三角供给带发挥着重要的传送带作用。该供给带该行业的流出增加值占到全国的 21.41%，其中，湖南占到全国的 8.99%，为全国该行业第二大的流出增加值省份。该供给带既密切地与多省份相连，又与长三角供给带紧密相连，是长三角供给带该行业增加值流入西部地区等的一个传送带。比如，江苏该行业流出增加值的 35.70% 流入了河南，河南又直接和间接地（通过湖北、辽宁等省）将增加值流出到多省份，起到了重要的传送作用。

东北供给带是我国设备制造业的第三大供给带，主要供给京津冀地区。该地区该行业的流出增加值占到全国的 15.55%，其核心是辽宁，占到全国的 7.90%，为全国该行业第五大的增加值流出省份，尤其他还是多个省份最大的流入增加值来源地，包括内蒙古、黑龙江、吉林、天津、河北、山东、福建。因此，除了直接供给全国多省份，辽宁还通过这些省份间接地流出增加值。比如通过该行业流出增加值排名全国第六的吉林流出到多省份，因此，吉林和黑龙江主要起到辽宁的"二传手"作用，共同构筑了设备制造业的东北供给带。作为该供给带的核心，辽宁设备制造业流出增加值主要流入京津冀地区，流入京津冀地区的份额高达 35.18%，北京、天津和河北流入增加值中分别有 21.09%、33.20% 和 39.56% 来自辽宁。

五、电子电气仪表

如图 8-7 所示，我国电子电气仪表业形成了以江苏为核心的集中型供给网络，其突出特征表现为高集中度。

江苏是电子电气仪表业唯一的供给中心，直接和间接地发挥着供给作用。从流出增加值的规模来看，江苏所占全国份额高达 36.59%，这也是它身为我国整体层面三大供给中心之首的重要原因，该行业是江苏主要的流出增加值行业，占其总流出增加值的 23.88%。从密切联系的省份来说，其他省份几

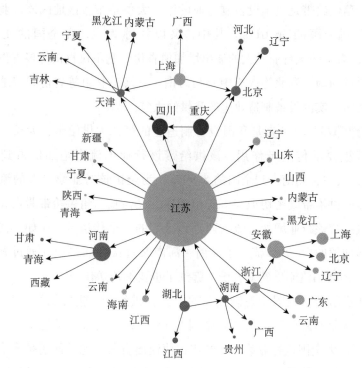

图 8 - 7　中国国内价值链分工的供给网络——电子电气仪表业

乎都与江苏直接紧密相连。突出地表现为它是 13 个省份的最大的流入增加值来源地，其中，又有多个省份调入的该行业增加值中江苏的占比高达50%以上，包括山东、河南、山西、新疆、北京、黑龙江，分别有 100% 、84.10% 、73.77% 、60.46% 、55.62% 、55.11% 来自江苏。除了直接地发挥供给中心作用之外，江苏还间接地通过多个枢纽发挥间接供给作用。这些枢纽包括河南、长三角地区的安徽与浙江、京津冀地区的北京与天津等，起着重要的传送作用。

江苏电子电气仪表业流出增加值大部分流入了北方地区。直接吸纳江苏该行业流出增加值排名第一的是北京，占到 25.49% ；其次是山东，占 22.43% ；排名第三的是河南，占 10.89% ，山西与内蒙古紧随其后。这几个省份都属于北方地区，仅这几个省份就占到江苏该行业流出增加值 70.87% 。可见，对于电子电气仪表业，江苏供给的地区高度集中于北方。

除高集中度之外，电子电气仪表业供给网络还具有一个明显的特征，即存在一个特殊的供给枢纽——川渝地区，此供给枢纽在前文网络图中未曾出现。从流出增加值的规模来看，川渝地区该行业流出增加值的规模较大，四川和重庆分别排名全国第四和第八，所占全国的比重分别为 6.51% 和3.86%。从密切联系的省份来看，川渝地区与江苏、京津冀地区密切相连。四川该行业主要供给江苏，是江苏最大的流入增加值来源地，江苏该行业流入增加值中有 40.06% 来自四川，占四川该行业流出增加值的 87.61%；同时，江苏也是四川该行业最大的流入增加值来源地，四川流入的增加值中有22.76% 来自江苏。重庆该行业主要供给北京，是北京第二大的流入增加值来源地，北京流入的增加值中有 15.56% 来自重庆，占重庆流出增加值的67.63%。从川渝内部来看，重庆是四川第二大流入增加值的来源地，四川该行业流入增加值中有 13.90% 来自重庆。

六、制造业各部门对比

对比以上制造业各部门国内价值链的供给网络，得出以下两个特征。

第一，不同区域的供给地位和作用不同，东部地区占据主要位置，是流出增加值的主要来源地，这在技术密集型制造业上表现最为明显。整体而言，东部地区制造业流出增加值最多，占全国的 45.95%。制造业流出增加值全国排名前 5 位中有 3 个省份属于东部地区，包括江苏、河北、浙江，其中，江苏是制造业流出增加值最多的省份，占全国的 12.45%；排名前 10 位中有6 个省份属于东部地区。分行业而言，制造业各行业的供给中心大都位于东部地区，其中，江苏在多个行业中占据着核心地位。比如，纺织服装业的两大供给中心江苏和福建，四个次级供给中心中的河北、浙江、山东都属于东部地区；金属冶炼及制品业最大供给中心的河北位于东部地区；设备制造业的最大供给中心江苏、次级供给中心浙江、河北位于东部地区；电子电气仪表业的供给核心江苏亦属于东部地区。除东部地区之外，东北地区和中部地区也是重要的制造业流出增加值来源地，主要体现于食品制造业。

第二，不同行业的供给中心集中度①不同，呈现由劳动密集型向资本密

---

① 行业供给中心集中度指的是该行业所有供给中心流出增加值占全国的份额。一般而言，供给中心数目越少，相对规模越大，则集中度越高。

集型再向技术密集型制造业逐步递增的特征。本章的劳动密集型制造业包括食品制造业、纺织服装业，它们拥有多个地位相当的供给中心，供给网络相对松散。资本密集型制造业包括金属冶炼及制品业，虽其供给以河北为主，但也拥有诸如河南、内蒙古、辽宁、湖南、江西、甘肃这样的多个次级中心，都发挥着重要的供给作用。技术密集型制造业包括设备制造业、电气电子及仪表业，供给网络较为紧凑。设备制造业中，江苏是主要供给中心，其直接流出增加值在全国的比重为 15.87%，同时又有"冀豫鄂湘"供给带为其传送带间接地将增加值流出到多省；电气电子及仪表业的集中度最盛，其供给网络中江苏一省独大，在全国所占份额高达 36.59%。

第五节　本章小结与政策启示

此章基于中国省际流出增加值数据，采用社会网络分析法，研究中国国内价值链分工中的省际供给网络，从整体与典型制造业产业层面理清国内各省份在国内价值链供给网络中的角色，揭示国内大循环供给层面的既有面貌。研究发现，国内大循环供给网络总体呈现供给集中和区域发展不平衡的特征。具体如下：一是江苏、河南、河北是我国三大供给中心，几乎占据全国总流出增加值的 1/4，这既具有规模经济等优势，但也增加了运输成本和断供风险，尤其是在遇到诸如新冠疫情这样的突发情况之下。二是东部地区都是供给中心的主要分布地区，其他地区供给地位相对较弱，尤其是西部地区供给地位塌陷，且其他地区的供给中心一定程度上充当着东部地区"二传手"的角色，因此东部地区直接和间接地占据着供给龙头地位。这在一定程度上反映出，融入全球价值链的出口导向型发展模式使我国整体及各省份经济快速发展的同时，也造成了区域发展的不平衡。三是不同制造业行业的供给集中度具有明显差异，呈现由劳动密集型向资本密集型再向技术密集型制造业逐步递增的特征，技术密集型制造业供给高度集中于东部地区。四是从东部地区内部来看，长三角地区在国内价值链中的供给地位最为重要，京津冀地区次之，珠三角地区位于最后；同时，京津冀地区内部以单向流动为主，而长三角地区内部以双向流动为主，内部联系更为紧密。

本章的政策启示包括：短期内，保产业链供应链稳定需保供给中心的生产稳定，尤其要关注江苏、河南与河北三大供给中心的生产稳定，与它们密切联系的省份众多，稍有不慎便容易导致断供的"多米洛骨牌效应"。长期来看，构建国内大循环，一是需审慎地解决供给集中问题，促进区域间协调发展，比如，应推进西部地区形成更多的区域性甚至全国性的供给中心（或枢纽），通过打造产业链集群等方式提高具有潜力的成渝地区的供给地位，从而形成东中西东北联动的国内大循环格局；同时亦要促进区域内部的协调发展，比如，对于京津冀内部而言，应健全共享机制，共享发展成果。二是优化产业布局，形成自主可控的现代产业体系。在跨地区经济区的发展当中，各个地方要根据它的比较优势来选择发展产业当中具有比较优势的产业阶段，形成一批具有全国甚至全球竞争力的产业链集群。同时，要深化区域产业链合作，增强企业核心竞争力。

参考文献

［1］陈家海．地区工业化进程中的省际贸易格局及政策倾向［M］．载周振华主编《中国经济分析1995：地区发展》，上海：上海人民出版社，1996．

［2］国家信息中心．中国区域间投入产出表［M］．北京：社会科学文献出版社，2005．

［3］赫尔普曼，克鲁格曼．市场结构和对外贸易——报酬递增，不完全竞争和国际经济［M］．尹翔硕，尹翔康译，上海：上海人民出版社，2014．

［4］克鲁格曼．克鲁格曼国际贸易新理论［M］．黄胜强译，北京：中国社会科学出版社，2001．

［5］克鲁格曼，奥伯斯法尔德．国际经济学：理论与政策（第八版）［M］．黄卫平等译，北京：中国人民大学出版社，2011．

［6］杰克逊．人类网络［M］．北京：中信出版社，2019．

［7］勒施．经济空间秩序［M］．王守礼译，北京：商务印书馆，1995．

［8］李善同．2002年中国地区扩展投入产出表：编制与应用［M］．北京：经济科学出版社，2010．

［9］李善同．2007年中国地区扩展投入产出表：编制与应用［M］．北京：经济科学出版社，2016．

［10］李善同，侯永志，等．中国区域协调发展与市场一体化［M］．北京：经济科学出版社，2008．

［11］刘卫东，唐志鹏，陈杰，等．2010年中国30省区市区域间投入产出表［M］．北京：中国统计出版社，2015．

［12］陆铭，陈钊，朱希伟，等．中国区域经济发展：回顾与展望［M］．上海：格致出版社，2011．

［13］俄林．区际贸易与国际贸易［M］．逯宇铎等译，北京：华夏出版社，2013．

［14］强永昌．产业内贸易论——国际贸易最新理论［M］．上海：复旦大学出版社，2002．

［15］石敏俊，张卓颖．中国省区间投入产出模型与区际经济联系［M］．北京：科学出版社，2012．

［16］市村真一，王慧炯．中国经济区域间投入产出表［M］．北京：化学工业出版社，2007．

［17］孙久文．区域经济学［M］．北京：首都经济贸易大学出版社，2014．

［18］王必达．区际贸易与区域发展［M］．北京：经济科学出版社，2010．

［19］魏后凯．现代区域经济学［M］．北京：经济管理出版社，2011．

［20］许宪春，李善同．1997年中国区域投入产出表的编制及分析［M］．北京：清华大学出版社，2008．

［21］张敦富．区域经济学导论［M］．北京：中国轻工业出版社，2013．

［22］张可云．区域大战与区域经济关系［M］．北京：民主与建设出版社，2001．

［23］张曙霄．中国对外贸易结构论［M］．北京：中国经济出版社，2003．

［24］张先锋．贸易模式演进与中国对外贸易模式转型［M］．合肥：合肥工业大学出版社，2010．

［25］张亚雄，齐舒畅．2002年，2007年中国区域间投入产出表［M］．北京：中国统计出版社，2012．

［26］白重恩，杜颖娟，陶志刚，等．地方保护主义及产业地区集中度的决定因素和变动趋势［J］．经济研究，2004（4）．

［27］陈敏，桂琦寒，陆铭，等．中国经济增长如何持续发挥规模效应？——经济开放与国内商品市场分割的实证研究［J］．经济学（季刊），2007（1）．

［28］陈卫平，侯晓霞，王长春．中国加工食品产业内贸易的发展现状

与决定因素分析 [J]．管理世界，2004（9）．

[29] 陈秀山，张若．中国地区省际产品贸易流量估算与空间分析 [J]．华中师范大学学报（人文社会科学版），2007（5）．

[30] 陈讯，李维，王珍．中国产业内贸易影响因素实证分析 [J]．外贸经济，国际贸易，2004（9）．

[31] 邓慧慧．中国省区间生产结构和贸易模式——基于新经济地理学和新贸易理论视角 [J]．西南民族大学学报（人文社会科学版），2011（2）．

[32] 杜运苏，彭恒文．中国产业内贸易决定因素的实证研究——基于制造业行业面板数据 [J]．财经科学，2008（9）．

[33] 桂琦寒，陈敏，陆铭，等．中国国内商品市场趋于分割还是整合——基于相对价格法的分析 [J]．世界经济，2006（2）．

[34] 贺灿飞，马妍．市场分割与中国城市出口差异 [J]．地理科学进展，2014（4）．

[35] 黄玖立．对外贸易，区域间贸易与地区专业化 [J]．南方经济，2011（6）．

[36] 黄卫平，韩燕．产业内贸易指标述评 [J]．财贸经济，2006（4）．

[37] 胡求光，霍学喜．中国水产品出口贸易影响因素与发展潜力——基于引力模型的分析 [J]．农业技术经济，2008（3）．

[38] 梁碧波．技术进步，制度变迁与国际贸易模式演进：一个分析框架 [J]．国际经贸探索，2013（12）．

[39] 李敬，陈澍，万广华，等．中国区域经济增长的空间关联及其解释——基于网络分析方法 [J]．经济研究，2014（11）．

[40] 李敏纳，蔡舒，张慧蓉，等．要素禀赋与黄河流域经济空间分异研究 [J]．经济地理，2011（1）．

[41] 李善同，何建武，刘云中．全球价值链视角下中国国内价值链分工测算研究 [J]．管理评论，2018（5）．

[42] 李善同，侯永志，刘云中，等．中国国内地方保护问题的调查与分析 [J]．经济研究，2004（11）．

[43] 刘刚．我国省际贸易壁垒的演进：1988—2008 [J]．兰州学刊，2010（11）．

［44］柳剑平，张兴泉．产业内贸易，产业结构差异与中美贸易摩擦——与中日贸易摩擦的比较分析［J］．世界经济研究，2011（1）．

［45］刘建，许统生，涂远芬．交通基础设施，地方保护与中国国内贸易成本［J］．当代财经，2013（9）．

［46］刘金山，李宁．我国区际贸易及其价格传导效应研究［J］．财贸经济，2013（6）．

［47］刘名远，林民书．区际贸易，要素价格扭曲与区域经济利益空间失衡——基于空间面板误差模型的实证分析［J］．财经科学，2013（2）．

［48］刘强，冈本信广．中国地区间投入产出模型的编制及其问题［J］．统计研究，2002（9）．

［49］刘世锦，韩阳，王大伟．基于投入产出架构的新冠肺炎疫情冲击路径分析与应对政策［J］．管理世界，2020（5）．

［50］刘卫东，刘红光，范晓梅，等．地区间贸易流量的产业——空间模型构建与应用［J］．地理学报，2012（2）．

［51］刘卫东．"一带一路"战略的科学内涵与科学问题［J］．地理科学进展，2015（5）．

［52］刘威，金山．中美高技术产业贸易模式的测度研究［J］．武汉大学学报（哲学社会科学版），2014（6）．

［53］陆铭，陈钊，严冀．收益递增，发展战略与区域经济的分割［J］．经济研究，2004（1）．

［54］吕冰洋．中国资本积累的动态效率：1978—2005［J］．经济学（季刊），2008（2）．

［55］马剑飞，朱红磊，许罗丹．对中国产业内贸易决定因素的经验研究［J］．世界经济，2002（9）．

［56］马征，李芬．从产业间贸易到产业内贸易——我国贸易结构演变的实证研究［J］．国际贸易问题，2006（3）．

［57］庞赛特．中国市场正在走向"非一体化"？——中国国内和国际市场一体化程度的比较分析［J］．世界经济文汇，2002（1）．

［58］盛斌，廖明中．中国的贸易流量与出口潜力：引力模型的研究［J］．世界经济，2004（2）．

［59］盛斌，毛其淋．贸易开放国内市场一体化与中国省际经济增长：1985～2008 年［J］．世界经济，2011（11）．

［60］史永东，齐鹰飞．中国经济的动态效率［J］．世界经济，2002（8）．

［61］史智宇．产业内贸易研究：中国与东盟国家［J］．世界经济文汇，2003（4）．

［62］孙久文，彭薇．基于区域贸易联系的国内区际贸易合作［J］．社会科学研究，2010（6）．

［63］王炳才．产业间贸易理论与产业内贸易理论比较研究［J］．国际贸易问题，1997（8）．

［64］王长林．金税工程二十年：实践，影响和启示［J］．电子政务，2015（2）．

［65］万伦来，杨燕红，王立平．中国省际贸易壁垒的地区差异与时序变化——来自中国 28 个省（市）1985—2006 年的经验证据［J］．产业经济研究，2009（1）．

［66］熊贤良．国内区际贸易与国际竞争力：以我国制成品为例的分析［J］．经济研究，1993（8）．

［67］熊贤良．国内区际贸易与对外贸易关系的理论及在我国的表现［J］．财贸经济，1994（12）．

［68］徐现祥，李郇．中国省际贸易模式：基于铁路货运的研究［J］．世界经济，2012（9）．

［69］徐娅玮．中国产业内贸易的现状与成因分析［J］．国际贸易问题，2001（12）．

［70］行伟波，李善同．本地偏好边界效应与市场一体化——基于中国地区间增值税流动数据的实证研究［J］．经济学（季刊），2009（4）．

［71］行伟波，李善同．引力模型，边界效应与中国区域间贸易——基于投入产出数据的实证分析［J］．国际贸易问题，2010（10）．

［72］闫丽珍，石敏俊，闵庆文，等．中国玉米区际贸易与区域水土资源平衡［J］．资源科学，2008（7）．

［73］叶裕民．中国区际贸易冲突的形成机制与对策思路［J］．经济地

理，2000（6）.

[74] 喻春娇，胡小洁，肖德 . 台海两岸 ICT 制造业的贸易模式及其决定因素分析 [J]. 世界经济研究，2012（3）.

[75] 于洋 . 中国省际贸易流量再估算与区间分解 [J]. 中国经济问题，2013（5）.

[76] 袁志刚，何樟勇 . 20 世纪 90 年代以来中国经济的动态效率 [J]. 经济研究，2003（7）.

[77] 岳昌君 . 遵循动态比较优势——中美两国产业内贸易对比实证分析 [J]. 国际贸易，2000（3）.

[78] 张红梅，祝灵秀，李善同，等 . 高出口省内增加值率能否作为政策目标——基于中国省级数据的研究 [J]. 经济学家，2020（3）.

[79] 张红梅，李黎力 . 国内大循环的供给网络——基于省际流出增加值数据的考察 [J]. 学习与探索，2021（4）.

[80] 张军，吴桂英，张吉鹏 . 中国省际物质资本存量估算：1952—2000 [J]. 经济研究，2004（10）.

[81] 张可云 . 区域分工与区域贸易保护的理论分析 [J]. 理论研究，2000（5）.

[82] 张梅，宁静 . 国内区际贸易与中国区域经济发展 [J]. 价值工程，2005（4）.

[83] 张少军 . 贸易的本地偏好之谜：中国悖论与实证分析 [J]. 管理世界，2013a（11）.

[84] 张少军 . 中国的贸易比较偏好 [J]. 统计研究，2013b（11）.

[85] 张少军，李善同 . 中国省际贸易的演变趋势特征与展望：1987—2007 [J]. 财贸经济，2013（10）.

[86] 张亚雄，刘宇，李继峰 . 中国区域间投入产出模型研制方法研究 [J]. 统计研究，2012（5）.

[87] 张亚雄，赵坤 . 北京奥运会投资对中国经济的拉动影响——基于区域间投入产出模型的分析 [J]. 经济研究，2008（3）.

[88] 张卓颖，石敏俊 . 中国区域间产业内贸易与产业结构同构分析 [J]. 地理学报，2011（6）.

［89］赵伟，何元庆．我国市场化，工业化进程中的区际，国际贸易发展［J］．社会科学战线，2005（4）．

［90］赵永亮，徐勇，苏桂富．区际壁垒与贸易的边界效应［J］．世界经济，2008（2）．

［91］赵志刚．中国对外贸易行业内贸易决定变量［J］．世界经济文汇，2003（4）．

［92］郑毓盛，李崇高．中国地方分割的效率损失［J］．中国社会科学，2003（1）．

［93］钟昌标．国内区际分工和贸易与国际竞争力［J］．中国社会科学，2002（1）．

［94］中国社科院财贸所"中国省际贸易与省际投资"课题组．中国国内市场发展研究：省际投资与省际贸易格局［J］．财贸经济，1993（7）．

［95］郝云菲，2014．中央经济工作会议在北京举行［N］．人民日报，2014 - 12 - 12．

［96］韩剑．基于引力模型的中国双边产业内贸易的实证研究［D］．南京：东南大学硕士学位论文，2004．

［97］黄蓉．中美高技术产业内贸易研究［D］．厦门：厦门大学硕士学位论文，2009．

［98］刘渝阳．内陆与沿海省区供需互补性变化及其对区际贸易影响研究——基于市场化改革进程时期 1992—2010［D］．成都：西南财经大学博士学位论文，2012．

［99］马征．从产业间贸易到产业内贸易：演进机制分析与中国实证研究［D］．杭州：浙江大学博士论文，2007．

［100］黄奇帆．国际贸易格局已发生根本变化［EB/OL］．［2019 - 04 - 25］．http：//finance. sina. com. cn/zl/2019 - 04 - 25/zlihvhiewr8091359. shtml．

［101］许召元，李善同．中国 2002 年省际间贸易估计［C］．第四届（2009）中国管理学年会——城市与区域管理分会场论文集，2009．

［102］Carey, H. Charles. Principles of Social Science［M］. Philadelphia：J. B. Lippincott & Co. , 1858.

［103］David Ricardo. On the Principles of Political Economy and Taxation

[M]. London: John Murray, 1817.

[104] Greenaway, David and P. K. M. Tharakan. Imperfect Competition and International Trade: Policy Aspects of Intra – Industry [M]. Brighton: Wheatsheaf, 1986.

[105] Greenaway, David and C. Milner. The Economics of Intra – Industry Trade [M]. Oxford: Basil Blackwell, 1986.

[106] Grubel, H. G. and P. J. Lloyd. Intra – Industry Trade: The Theory and Measurement of International Trade in Differentiated Products [M]. London: The Macmillan Press Ltd. , 1975.

[107] Grubel, H. G. and P. J. Lloyd. Intra – IndustryTrade [M]. London: The Macmillan Press Ltd. , 2002.

[108] Hewings, Geoffrey and Jan Oosterhaven. Interregional Trade Models [M]. In Handbook of Regional Science, edited by Manfred M. Fischer and Peter Nijkamp, New York: Springer – Verlag Berlin Heidelberg, 2013.

[109] Ichimura, Shinichi and Hui – Jiong Wang. Interregional Input – Output Analysis of the Chinese Economy [M]. Singapore: World Scientific Publishing Co. Pte. Ltd. , 2003.

[110] Ihara, Takeo. Economic Analysis on Region. Tokyo: Chuo-keizai-sya, 1996.

[111] Leontief, W. and A. Strout. Multiregional Input – Output Analysis [M]. In Structural Interdependence and Economic Development, edited by Tibor Barna, London: Palgrave Macmillan UK, 1963.

[112] Linder, S. Burenstam. An Essay on Trade and Transformation [M]. New York: John Wiley & Sons, 1961.

[113] Ohlin, Bertil. Interregional and International Trade [M]. Cambridge: Harvard University Press, 1933.

[114] Ricardo, David. On The Principles of Political Economy and Taxation [M]. London: John Murray, 1817.

[115] Smith, Adam. An Inquiry into the Nature and Causes of the Wealth of Nations [M]. London: W. Strahan and T. Cadell, 1776.

［116］Stone, L. L.. The Growth of Intraindustry Trade ［M］. New York: Garland Publishing, 1997.

［117］Verdoorn, P. J.. The Intra – Bloc Trade of Benelux ［M］. In Economic Consequences of the Size of Nations edited by E. A. G. Robinson, London: Palgrave Macmillan UK, 1960.

［118］Young, E. C.. The Movement of Farm Population ［M］. Cornell Agricultural Experiment Station, Bulletin 426, 1924.

［119］Melitz, M. J.. The Impact of Trade on Intra – Industry Reallocations and Aggregate Industry Productivity ［J］. Econometrica, 2003, 71 (6).

［120］Abdelrahman, K.. Firms' Competitive and National Comparative Advantages as Joint Determinants of Trade Composition ［J］. Review of World Economics, 1991, 127 (1).

［121］Alwyn, Young. The Razor's Edge: Distortions and Incremental Reform in the People's Republic of China ［J］. The Quarterly Journal of Economics, 2000, 115 (4).

［122］Anderson, James E. and Eric van Wincoop. Gravity with Gravitas: A Solution to the Border Puzzle ［J］. American Economic Review, 2003, 93 (1).

［123］Anderson, T. R.. Intermetropolitan Migration: A Comparison of the Hypotheses of Zipf and Stouffer ［J］. American Sociological Review, 1955, 20 (3).

［124］Antràs, Pol.. Firms, Contracts, and Trade Structure ［J］. The Quarterly Journal of Economies, 2003, 118 (4).

［125］Antràs, Pol.. Incomplete Contracts and the Product Cycle ［J］. American Economic Review, 2005, 95 (4).

［126］Antràs, Pol. , and Elhanan Helpman. Global Sourcing". Journal of Political Economy, 2004, 112 (3).

［127］Aquino, Antonio. Intra-industry Trade and Inter – Industry Specialization as Concurrent Sources of International Trade in Manufactures ［J］. Review of World Economics, 1978, 114 (2).

［128］Armington, Paul S.. A Theory of Demand for Products Distinguished by Place of Production [J]. IMF Economic Reviews, 1969, 16 (1).

[129] Arrow, Kenneth J.. The Economic Implication of Learning by Doing [J]. Review of Economic & Studies, 1962, 29 (3).

[130] Acemoglu, D., Carvalho, V. M., Ozdaglar, A. and Tahbaz – Salehi, A.. The Network Origins of Aggregate Fluctuations [J]. Econometrica, 2012 (80).

[131] Balassa, B.. Tariff Reductions and Trade in Manufactures among the Industrial Countries [J]. American Economic Review, 1966, 56 (3).

[132] Balassa, B.. Intra – Industry Specialization: A Cross – Country Analysis [J]. European Economic Review, 1986 (30).

[133] Balassa, B. and L. Bauwens. Intra – Industry Specialization in a Multi – Country and Multilateral Framework [J]. The Economic Journal, 1987 (97).

[134] Barro, R. J.. Government Spending in a Simple Model of Endogenous Growth [J]. Journal of Political Economy, 1990, 98 (5).

[135] Bergstrand, J. H.. The Gravity Equation in International Trade: Some Microeconomic Foundations and Empirical Evidence [J]. The Review of Economics & Statistics, 1985, 67 (3).

[136] Brander, J. A.. Intra – Industry Trade in Identical Commodities [J]. Journal of International Economics, 1981, 11 (1).

[137] Brülhart, Marius. Marginal Intra – Industry Trade: Measurement and Relevance for the Pattern of Industrial Adjustment [J]. Review of World Economics, 1994, 135 (3).

[138] Caves, Richard E.. Intra – Industry Trade and Market Structure in the Industrial Countries [J]. Oxford Economic Papers, 1981, 33 (2).

[139] Clark, D. P.. Recent Evidence on Determinants of Intra-industry Trade [J]. Review of World Economics, 1993, 129 (2).

[140] Dixit, A. K. and Joseph E. Stiglitz. Monopolistic Competition and Optimum Product Diversity [J]. The American Economic Review, 1977, 67 (3).

[141] Donaldson, Dave. Railroads of the Raj: Estimating the Impact of Transportation Infrastructure [J]. Social Science Electronic Publishing, 2010, 32 (2).

［142］Falvey R. E.. Commercial Policy and Intra – Industry Trade ［J］. Journal of International Economics, 1981, 11（4）.

［143］Finger J. M.. Trade Overlap and Intra – Industry Trade ［J］. Economic Inquiry, 1975, 13（4）.

［144］Frankel, Jeffrey A. and Andrew K. Rose. A Panel Project on Purchasing Power Parity: Mean Reversion within and between Countries ［J］. Journal of International Economics, 1996, 40（2）.

［145］Greenaway, David and C. Milner. On the Measurement of Intra-industry Trade ［J］. Annals of Thoracic Surgery, 1983, 93（372）.

［146］Greenaway, David and C. Milner. Across Section Analysis of Intra – Industry Trade in the U. K ［J］. European Economic Review, 1984, 25（3）.

［147］Greenaway, David, R. Hine and C. Milner. Country Specific Factors and the Pattern of Horizontal and Vertical Intra – Industry Trade in the United Kingdom ［J］. Review of World Economics, 1994, 130（1）.

［148］Greenaway, David, R. Hine and C. Milner. Vertical and Horizontal Intra – Industry Trade: A Cross Industry Analysis for the United Kingdom ［J］. Economy Journal, 1995, 105（105）.

［149］Hamilton, Clive and Paul Kniest. Trade Liberalisation, Structural Adjustment and Intra – Industry Trade: A Note ［J］. Review of World Economics, 1991（127）.

［150］Head, Keith and Thierry Mayer. Non – Europe: The Magnitude and Causes of Market Fragmentation in the EU ［J］. Review of World Economics, 2000, 136（2）.

［151］Hu Xiaoling and Yue Ma. International Intra – Industry Trade of China ［J］. Review of World Economics, 1999, 135（1）.

［152］Hummels, D. and J. Levinsohn. Monopolistic Competition and International Trade: Reconsidering the Evidence ［J］. The Quarterly Journal of Economics, 1995, 110（3）.

［153］Hummels, D. , Jun Ishii and Kei – Mu Yi. The Nature and Growth of Vertical Specialization in World Trade ［J］. Journal of International Economics,

2001, 54 (1).

[154] Hummels, D., D. Rapoport and Kei – Mu Yi. Vertical Specialization and the Changing Nature of World Trade [J]. Federal Reserve Bank of New York Economic Policy Review, 1998 (4).

[155] Ihara, Takeo. An Economic Analysis of Interregional Commodity Flows [J]. Environment & Planning A, 1979, 11 (10).

[156] Isard, Walter. Interregional and Regional Input – Output Analysis: A Model of a Space – Economy [J]. Review of Economics & Statistics, 1951, 33 (4).

[157] Krugman, P. R.. Increasing Returns, Monopolistic Competition and International Trade [J]. Journal of International Economics, 1979, 9 (4).

[158] Krugman, P. R.. Scale Economics, Product Differentiation and the Pattern of Trade [J]. The American Economic Review, 1980, 70 (5).

[159] Lancaster, K.. Intra – Industry Trade under Perfect Monopolistic Competition [J]. Journal of International Economics, 1980, 10 (2).

[160] Loertscher R. and F. Wolter. Determinants of Intra – Industry Trade: Among Countries and Across Industries [J]. Review of World Economics, 1980, 116 (2).

[161] Marvel, H. P. and E. J. Ray. Intra – Industry Trade: Sources and Effects on Protection [J]. Journal of Political Economy, 1987, 95 (6).

[162] Moses, L. N. The Stability of Interregional Trading Patterns and Input – Output Analysis [J]. American Economic Review, 1955, 45 (5).

[163] Naughton, Barry. How Much Can Regional Integration Do to Unify China's Markets? [J]. How Far Across the River, 2024.

[164] Parsley, David and Shang – Jin Wei. Convergence to the Law of one Price without Trade Barriers or Currency Fluctuations [J]. Quarterly Journal of Economics, 1996, 111 (4).

[165] Parsley, David and Shang – Jin Wei. Explaining the Border Effect: The Role of Exchange Rate Variability, Shipping Cost, and Geography [J]. Journal of International Economics, 2001, 55 (1).

[166] Poncet, S.. Measuring Chinese Domestic and International Integration [J]. China Economic Review, 2003, 14 (1).

[167] Samuelson, Paul. Theoretical Notes on Trade Problem. Review of Economics & Statistics, 1954, 46 (2).

[168] Schiavo, S. , Javier Reyes and Giorgio Fagiolo. . International Trade and Financial Integration: A Weighted Network Analysis [J]. Quantitative Finance, 2010 (10).

[169] Sharma, Kishor. The Pattern and Determinants of Intra-industry Trade in Australian Manufacturing [J]. Australian Economic Review, 2000, 33 (3).

[170] Smith, D. A. and White, D. R.. Structure and Dynamics of the Global Economy: Network Analysis of International Trade 1965—1980 [J]. Social Forces, 1992 (70).

[171] Sonis, M. and Hewings, G. J. D.. Economic Complexity as Network Complication: Multiregional Input – Output Structural Path Analysis [J]. The Annals of Regional Science, 1998 (32).

[172] Thom, Rodney and Moore McDowell. Measuring Marginal Intra – Industry Trade [J]. Review of World Economics, 1999, 135 (1).

[173] Toh, Kiertisak. A Cross – Section Analysis of Intra – Industry Trade in US Manufacturing Industries [J]. Review of World Economics, 1982, 118 (2).

[174] Vernon, Raymond. International Investment and International Trade in the Product Cycle [J]. The Quarterly Journal of Economics, 1966, 80 (2).

[175] Xu, Xinpeng. Have the Chinese Provinces Become Integrated under Reform? [J]. China Economic Review, 2002, 16 (3).

[176] Young, Alwyn. The Razor's Edge: Distortions and Incremental Reform in China [J]. The Quarterly Journal of Economics, 2000, 115 (4).

[177] Zhang, Z. , M. Shi and Z. Zhao. The Compilation of China's Interregional Input-output Model 2002 [J]. Economic System Research, 2015, 27 (2).

[178] Zipf, G. K.. The Hypothesis of the 'Minimum Equation' as a Unifying Social Principal: with Attempted Synthesis [J]. American Sociological Review, 1947, 12 (6).

［179］Chenery, H. . Regional Analysis ［A］. In The Structure and Growth of the Italian Economy edited by Chenery, H. , P. Clark and V. Pinna, Rome: U. S. Mutual Security Agency , 1953.

［180］Deardorff, Alan A. . Determinants of Bilateral Trade: Does Gravity Work in a Classical World? ［R］. NBER Working Papers, 1995.

［181］Fontagné, L. , M. Freudenberg and N. Péridy. Trade Patterns inside the Single Market ［R］. CEPII working Paper, 1997.

［182］Hellvin, L. . Vertical Intra – Industry Trade between China and OECD Countries ［R］. OECD Development Centre Working Papers, 1996.

［183］Wang, Zhi, S. J. Wei and K. F. Zhu. Quantifying international production sharing at the bilateral and sector levels ［R］. NBER Working Paper, 2013.